全時間の授業展開で見せる「考え、議論する道徳」

小学校1・2年

山中伸之 編著

学事出版

この本の使い方

③板書例

予想される子供の発言などを記載しています。②、④と合わせてお読み下さい。

④シート

黒板に貼って使用するシートについて、記載しています。

①ねらい

本授業を通して育てたい道徳的な判断力、心情、意欲、態度を記載しています。

②授業展開例

活動内容と発問、指示、説明などを端的に記載しています。

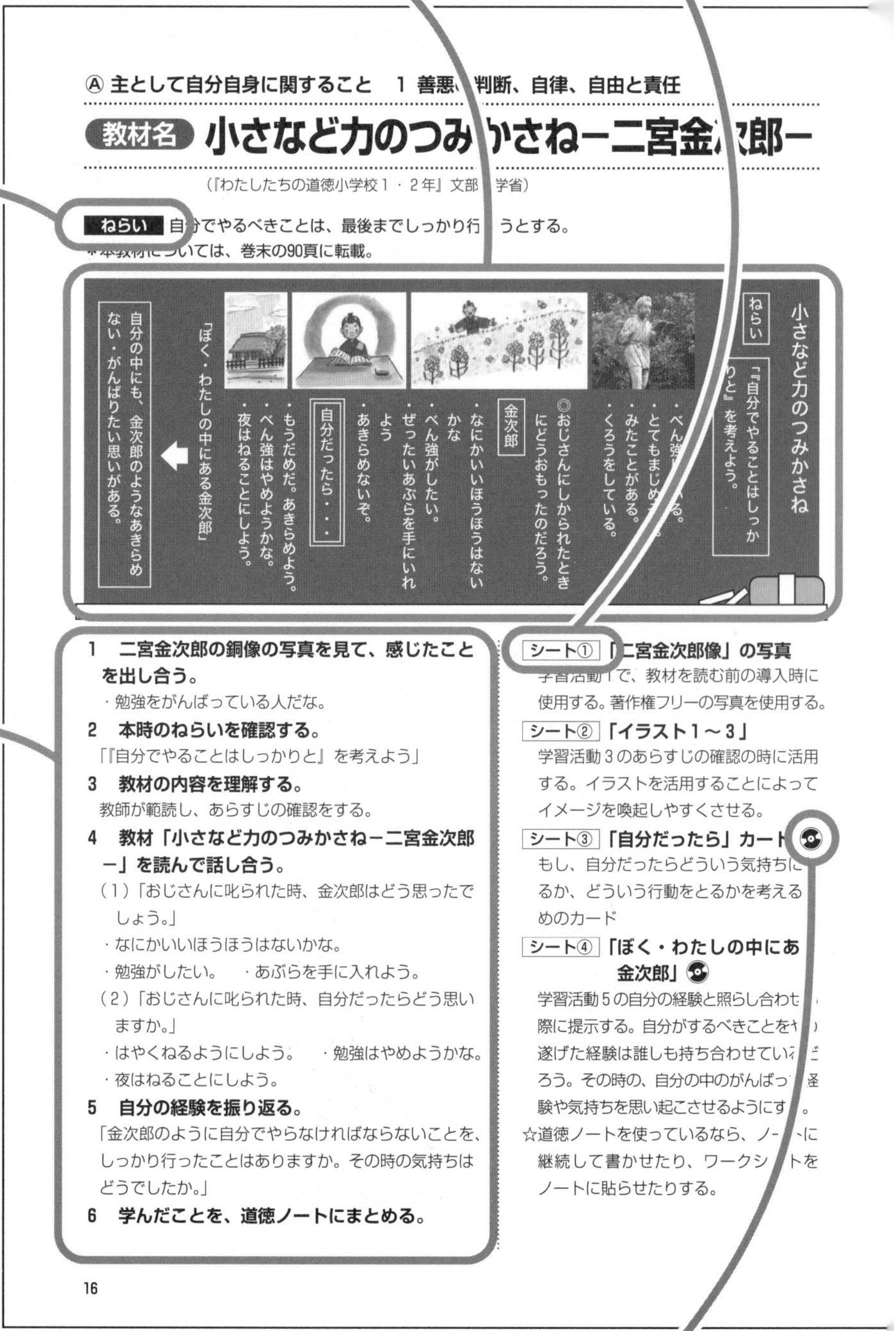

Ⓐ 主として自分自身に関すること　1 善悪 判断、自律、自由と責任

教材名 **小さなど力のつみ かさねー二宮金 郎ー**

（『わたしたちの道徳小学校１・２年』文部 学省）

ねらい 自 分でやるべきことは、最後までしっかり行 うとする。

本教材については、巻末の90頁に転載。

1　二宮金次郎の銅像の写真を見て、感じたことを出し合う。

・勉強をがんばっている人だな。

2　本時のねらいを確認する。

「『自分でやることはしっかりと』を考えよう」

3　教材の内容を理解する。

教師が範読し、あらすじの確認をする。

4　教材「小さなど力のつみかさねー二宮金次郎ー」を読んで話し合う。

（1）「おじさんに叱られた時、金次郎はどう思ったでしょう。」

・なにかいいほうほうはないかな。

・勉強がしたい。　・あぶらを手に入れよう。

（2）「おじさんに叱られた時、自分だったらどう思いますか。」

・はやくねるようにしよう。　・勉強はやめようかな。

・夜はねることにしよう。

5　自分の経験を振り返る。

「金次郎のように自分でやらなければならないことを、しっかり行ったことはありますか。その時の気持ちはどうでしたか。」

6　学んだことを、道徳ノートにまとめる。

シート①　「 二宮金次郎像」の写真

学習活動１で、教材を読む前の導入時に使用する。著作権フリーの写真を使用する。

シート②　「イラスト１～３」

学習活動３のあらすじの確認の時に活用する。イラストを活用することによってイメージを喚起しやすくさせる。

シート③　「自分だったら」カード

もし、自分だったらどういう気持ちに るか、どういう行動をとるかを考える めのカード

シート④　「ぼく・わたしの中にあ 金次郎」

学習活動５の自分の経験と照らし合わせ 際に提示する。自分がするべきことを 遂げた経験は誰しも持ち合わせてい ろう。その時の、自分の中のがんばっ 験や気持ちを思い起こさせるようにす 。

☆道徳ノートを使っているなら、ノー に継続して書かせたり、ワークシ トをノートに貼らせたりする。

16

⑤CD-ROMマーク

このマークが付いているものは、付録のCDに収録しています（著作権の関係ですべてのシートは収録していません）。適宜、拡大してご使用ください。

⑥授業づくりのポイント

「考え、議論する道徳」に導くためのポイントをまとめています。

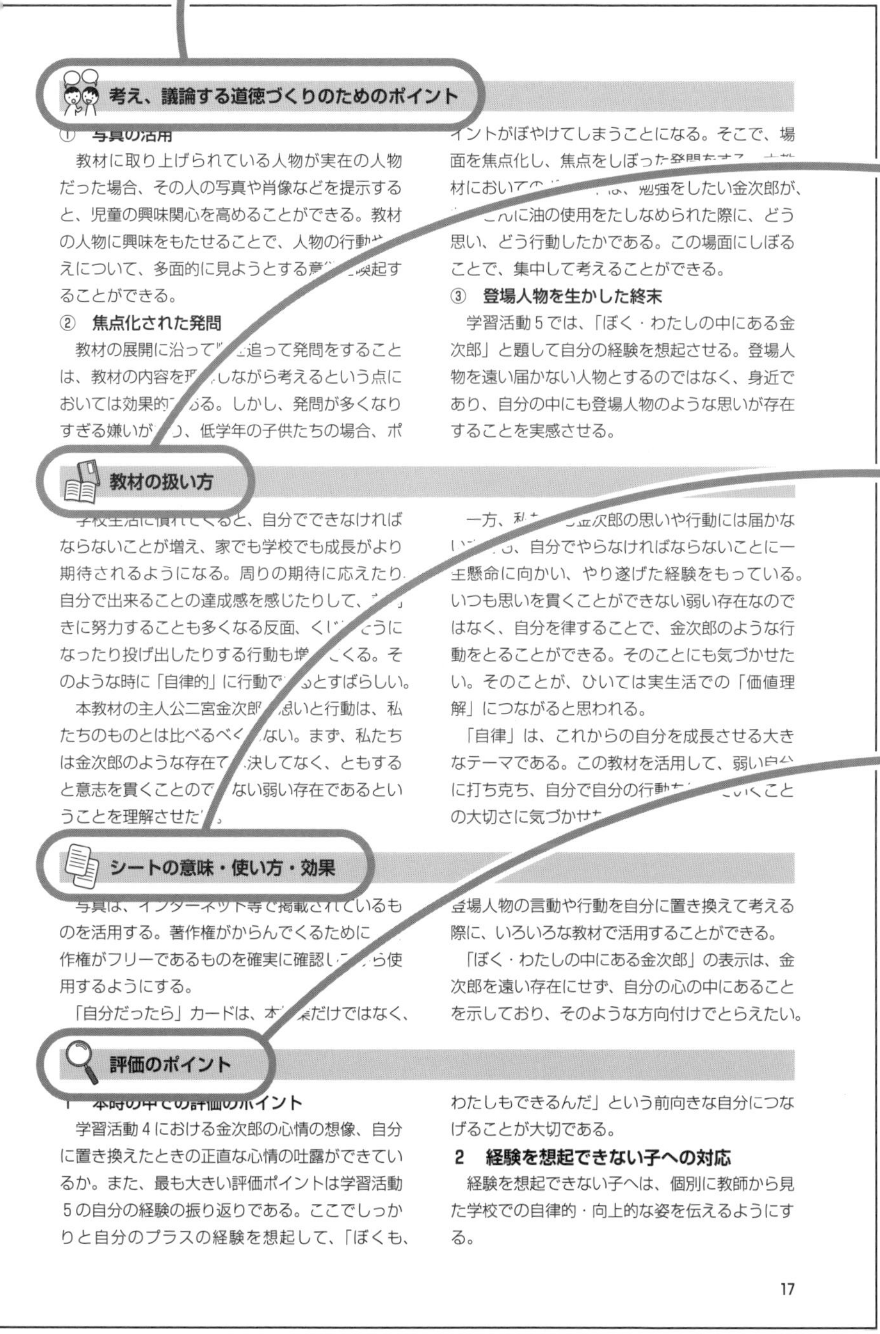

考え、議論する道徳づくりのためのポイント

① 写真の活用

教材に取り上げられている人物が実在の人物だった場合、その人の写真や肖像などを提示すると、児童の興味関心を高めることができる。教材の人物に興味をもたせることで、人物の行動や考えについて、多面的に見ようとする意欲を喚起することができる。

② 焦点化された発問

教材の展開に沿って順を追って発問をすることは、教材の内容を把握しながら考えるという点においては効果的である。しかし、発問が多くなりすぎる嫌いがあり、低学年の子供たちの場合、ポイントがぼやけてしまうことになる。そこで、場面を焦点化し、焦点をしぼった発問をする。本教材においての　は、勉強をしたい金次郎が、　んに油の使用をたしなめられた際に、どう思い、どう行動したかである。この場面にしぼることで、集中して考えることができる。

③ 登場人物を生かした終末

学習活動5では、「ぼく・わたしの中にある金次郎」と題して自分の経験を想起させる。登場人物を遠い届かない人物とするのではなく、身近であり、自分の中にも登場人物のような思いが存在することを実感させる。

教材の扱い方

学校生活に慣れてくると、自分でできなければならないことが増え、家でも学校でも成長がより期待されるようになる。周りの期待に応えたり、自分で出来ることの達成感を感じたりして、　きに努力することも多くなる反面、くじけそうになったり投げ出したりする行動も増えてくる。そのような時に「自律的」に行動できるとすばらしい。

本教材の主人公二宮金次郎の思いと行動は、私たちのものとは比べるべくもない。まず、私たちは金次郎のような存在では決してなく、ともすると意志を貫くことのできない弱い存在であるということを理解させたい。

一方、私たちも金次郎の思いや行動には届かないまでも、自分でやらなければならないことに一生懸命に向かい、やり遂げた経験をもっている。いつも思いを貫くことができない弱い存在なのではなく、自分を律することで、金次郎のような行動をとることができる。そのことにも気づかせたい。そのことが、ひいては実生活での「価値理解」につながると思われる。

「自律」は、これからの自分を成長させる大きなテーマである。この教材を活用して、弱い自分に打ち克ち、自分で自分の行動を　いくことの大切さに気づかせ

シートの意味・使い方・効果

写真は、インターネット等で掲載されているものを活用する。著作権がからんでくるために　作権がフリーであるものを確実に確認してから使用するようにする。

「自分だったら」カードは、本授業だけではなく、登場人物の言動や行動を自分に置き換えて考える際に、いろいろな教材で活用することができる。

「ぼく・わたしの中にある金次郎」の表示は、金次郎を遠い存在にせず、自分の心の中にあることを示しており、そのような方向付けでとらえたい。

評価のポイント

1 本時の中での評価のポイント

学習活動4における金次郎の心情の想像、自分に置き換えたときの正直な心情の吐露ができているか。また、最も大きい評価ポイントは学習活動5の自分の経験の振り返りである。ここでしっかりと自分のプラスの経験を想起して、「ぼくも、わたしもできるんだ」という前向きな自分につなげることが大切である。

2 経験を想起できない子への対応

経験を想起できない子へは、個別に教師から見た学校での自律的・向上的な姿を伝えるようにする。

17

⑦教材について

本教材についての補足説明を記載しています。

⑧シートについて

左の頁のシートについての補足説明を記載しています。

⑨評価

評価をする際のポイントを記載しています。また、巻末の付録とCDには、評価記入文例が収録されていますので、合わせてご活用ください。

⑩ワークシート

本授業に対応したワークシートはCDに収録しています。全授業分ありますので、ぜひご活用ください。

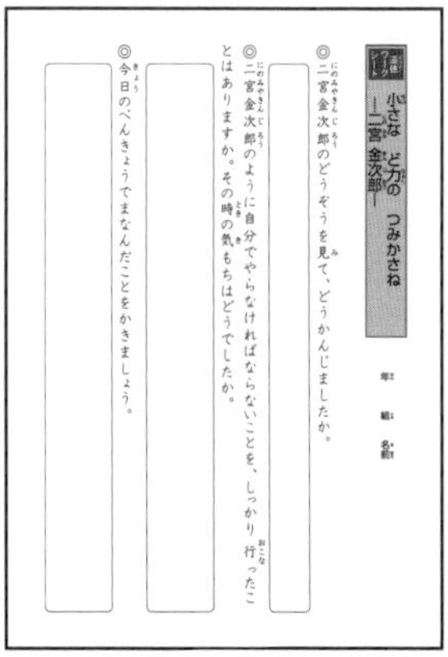

小さな　ど力の　つみかさね
―二宮　金次郎―

年　組　名前

◎二宮金次郎《にのみやきんじろう》のどうぞうを見《み》て、どうかんじましたか。

◎二宮金次郎《にのみやきんじろう》のように自分でやらなければならないことを、しっかり行《おこな》ったことはありますか。その時《とき》の気《き》もちはどうでしたか。

◎今日《きょう》のべんきょうでまなんだことをかきましょう。

はじめに

平成30年度より、「特別の教科　道徳」が小学校で全面実施となります。昭和33年に、道徳の時間が特設されて以来の大きな変革と言ってもよいでしょう。

いじめに関する痛ましい事案をきっかけとした教科化により、道徳授業に実効性が求められています。そのためには道徳授業の質的な転換が必要です。それが、「読み物道徳」から脱却し「考え、議論する道徳」へと変わることです。

では、「考え、議論する道徳」を実現するためにはどうすればよいのでしょうか。

言い換えれば、「答えが一つではない道徳的な課題を一人一人の児童生徒が自分自身の問題と捉え、向き合う」ことを、授業で実現させるにはどうすればよいのでしょうか。

本書ではこれらの疑問に答えるべく、多くの授業実践例を収録しました。

それぞれの授業実践例には「板書例」と「発問」を掲載し、授業がひと目で分かり、そのまま教室で実践できるようにしました。また「ワークシート」や「イラスト」など、授業をする上で必要なものも可能な限り収録し、すぐに授業を行えるようにしました。先生方が本書を手に取って、すぐにでも教室で使うことができます。

ところで、編集をしながら課題も見つかりました。

学習指導要領にも「発達の段階に応じ」とあるように、低学年の実践では、考えることや議論することそのものがまだ難しい段階であるということです。

また、それにともなって、従来の「読み物教材の登場人物の心情理解」にどの程度のウエイトを置いたらよいのかということです。

本書の巻頭ページには、「考え、議論する道徳」授業を行うための授業づくりのポイントをまとめました。それらを参考にしながら、先生方の目の前の子どもたちに応じて、授業実践例の発問を変更したり、指導の手順を入れ替えたりして、さらによい授業にしていっていただければ幸いです。

本書が、「考え、議論する道徳」授業を実践される先生方の参考となると同時に、本書の実践を基にして、先生方ご自身がより素晴らしい「考え、議論する道徳」授業実践をされることを願っています。

編著　山中伸之

全時間の授業展開で見せる
「考え、議論する道徳」
小学校1・2年
もくじ

part 1

「考え、議論する道徳」とは

「特別の教科　道徳」になると、何が変わるのか

1 「道徳の時間」が「特別の教科　道徳」として位置付けられる

今まで、小・中学校で週１時間行われてきた「道徳の時間」が「特別の教科　道徳」として、引き続き週１時間、新たに位置付けられます。

なぜ「特別の教科」かというと、①道徳は学級担任が担当することが望ましいと考えられること、②数値などによる評価はなじまないと考えられることなど、各教科にない側面があるためです。

2 学校における道徳教育の目標と特別の教科道徳の目標が同じになる

学校の教育活動全体を通じて行う道徳教育の目標は、「道徳教育は、教育基本法及び学校教育法に定められた教育の根本精神に基づき、自己の生き方を考え、主体的な判断の下に行動し、自立した人間として他者と共によりよく生きるための基盤となる道徳性を養う。」です。（下線は山中）

「特別の教科　道徳」の目標は「よりよく生きるための基盤となる道徳性を養うため、道徳的諸価値についての理解を基に、自己を見つめ、物事を多面的・多角的に考え、自己の生き方についての考えを深める学習を通して、道徳的な判断力、心情、実践意欲と態度を育てる。」です。（下線は山中）

どちらも「よりよく生きるための基盤となる道徳性を養う」ことを目標としています。また、今までの道徳の時間の目標にあった「道徳的実践力を育成する」は、「道徳的な判断力，心情，実践意欲と態度を育てる」と改められました。

3 道徳科の授業で扱う内容項目に変更がある

内容項目について、次のように変更されています。

（1）内容項目ごとに［善悪の判断、自律、自由と責任］、［正直、誠実］などの「キーワード」が示されました。

（2）学習指導要領解説「特別の教科　道徳編」に、低学年、中学年、高学年、中学校の内容項目が一覧表で示されました。これによって各学年段階の系統性、小学校と中学校とのつながりがより明確になりました。

（3）いくつかの内容項目については、指導する学年段階が変更になりました。具体的には次の通りです。

・［個性の伸長］…低学年から

・［相互理解、寛容］…中学年から

・［公正、公平、社会正義］…低学年から

・［国際理解、国際親善］…低学年から

・［よりよく生きる喜び］…高学年から

※［相互理解、寛容］［公正、公平、社会正義］について、低学年、中学年から指導することになったのは、いじめ問題への対応を充実するためでもあります。

（4）指導する内容項目の数が変更になった学年段階があります。

・低学年は16から19へ　　　・中学年は18から20へ
・高学年は22のまま　　　　・中学校は24から22へ

4「考え、議論する道徳」へ転換する

道徳の授業が、今までの、読み物の登場人物の気持ちを読み取ることで終わってしまったり、価値や心構えを言わせたり書かせたりするだけの授業から、自分ならばどうするかを真正面から問い、自分自身のこととして考え、議論する道徳の授業へと変わります。そのために、質の高い多様な指導方法を取り入れた授業を展開していくことになります。

質の高い多様な指導方法の例として、次の三つが挙げられています。

（1）読み物教材の登場人物への自我関与が中心の学習
（2）問題解決的な学習
（3）道徳的行為に関する体験的な学習

5　記述式の評価を行う

道徳の評価はこれまでも行われていましたが、「指導要録に固有の記録欄が設定されていないこともあり、必ずしも十分な評価活動が行われていない」と指摘されています。そこで、「特別の教科 道徳」では、指導要録に記録欄を設定し、記述による評価を行うことになります。

記述する内容は「児童生徒の学習状況」と「道徳性に係る成長の様子」です。児童生徒の道徳性に係る成長の様子を積極的に受け止め、努力を認め励ます個人内評価を行います。また、個々の内容項目ごとではなく、大くくりなまとまりを踏まえた評価を行います。指導要録には、それらのうち、特に顕著と認められる具体的な状況を記述することになります。

6　検定教科書が導入される

道徳科の中心となる教材として検定教科書が導入されます。これにより、全国の小・中学校において道徳科の指導が確実に実施されることとなります。小学校では平成29年度、中学校では平成30年度に採択されます。

考え、議論する道徳とは

（参考「論点整理」）

1　読み物道徳からの脱却

読み物道徳とは、
①子供たちに道徳的な実践への安易な決意表明を迫るような指導を避ける余り

②道徳の時間を内面的資質の育成に完結させ
③その結果、指導が読み物教材の登場人物の心情理解のみに偏り、
④「あなたならどのように考え、行動・実践するか」を子供たちに真正面から問うことを避けている
　道徳授業のことです。
「考え、議論する道徳」とは、このような道徳授業から脱却した道徳授業です。

2　道徳授業の質的転換

読み物道徳から脱却した上で、
①問題解決型の学習や体験的な学習などを通じて、
②自分ならどのように行動・実践するかを考えさせ、
③自分とは異なる意見と向かい合い議論する中で、
④道徳的価値について多面的・多角的に学び、
⑤実践へと結び付け、更に習慣化していく
指導へと転換することが道徳授業の質的転換です。
そして、上記のような道徳が「考える、議論する道徳」と言えます。
学習指導要領では、「発達の段階に応じ，答えが一つではない道徳的な課題を一人一人の児童が自分自身の問題と捉え，向き合う」道徳と表されています。

読み物教材の登場人物への自我関与が中心の学習とは

（参考「『特別の教科　道徳』の指導方法・評価等について」）

1　ねらい・留意点など

この指導法のねらいは「教材の登場人物の判断や心情を自分との関わりで多面的・多角的に考えることなどを通して、道徳的諸価値の理解を深める。」ことです。
授業の形式は従来の読み物道徳に似ています。そういう意味では、指導する教師に明確な主題設定がなく、指導観に基づく発問もない場合、「登場人物の心情理解のみの指導」になってしまう嫌いがあります。それでは、「考え、議論する道徳」にはなりません。
子どもたちが読み物教材の登場人物に託して自分の考えや気持ちを素直に語る中で、道徳的価値の理解を図れるよう留意します。

2　主な発問例

教材を読んで、登場人物の判断や心情を類推することを通して、道徳的価値を自分との関わりで考えることになります。発問例としては、
○どうして主人公は、～という行動を取ることができたのだろう（又はできなかったのだろう。

○主人公はどういう思いをもって～という判断をしたのだろう。
○自分だったら主人公のように考え、行動することができるだろうか。
などが考えられます。

問題解決的な学習とは

（参考「『特別の教科　道徳』の指導方法・評価等について」）

1　ねらい・留意点など

この指導法のねらいは、「問題解決的な学習を通して、道徳的な問題を多面的・多角的に考え、児童生徒一人一人が生きる上で出会う様々な問題や課題を主体的に解決するために必要な資質・能力を養う。」ことです。

具体的な指導は、例えば次のようなものです。

①教材や日常生活から道徳的な問題をみつける。

②道徳的な問題について、グループなどで話し合い、

・なぜ問題となっているのか

・問題をよりよく解決するためにはどのような行動をとればよいのかなどについて多面的、多角的に議論を深める。

③問題を解決する上で大切にした道徳的価値や実現したい道徳的価値について、

・なぜ大切にしたのか

・どのような意義や意味があるのか

について考えを深めたり、新たな自分の課題を導いたりする。

明確なテーマ設定や問いに耐える教材が選択されていないと、単なる「話し合い」をしただけで終わってしまう嫌いがありますので、注意が必要です。

2　主な発問例

発問例として、
○ここでは、何が問題になっていますか。
○何と何で迷っていますか。
○なぜ～（道徳的諸価値）は大切なのでしょう。
○どうすれば～（道徳的諸価値）が実現できるのでしょう。
○同じ場面に出会ったら自分ならどう行動するでしょう。
○なぜ、自分はそのように行動するのでしょう。
○よりよい解決方法にはどのようなものが考えられるでしょう。
などが考えられます。

道徳的行為に関する体験的な学習

（参考「『特別の教科　道徳』の指導方法・評価等について」）

1　ねらい・留意点など

この指導法のねらいは、「役割演技などの疑似体験的な表現活動を通して、道徳的価値の理解を深め、様々な課題や問題を主体的に解決するために必要な資質・能力を養う。」ことです。

具体的な指導は、例えば次のようなものです。

①教材や日常場面での道徳的諸価値に関わる葛藤場面を把握する。

②道徳的行為を実践するための心構えや、価値を実現する上での問題を考える。

③問題場面を役割演技で再現したり、道徳的行為を体験したりする。

④道徳的価値の意味や実現するために大切なことを考える。

明確なテーマのもとに、児童生徒に葛藤を意識させ、多面的・多角的な思考を促す問題場面が設定されないと、主題設定の不十分な生徒指導・生活指導になってしまう嫌いがあるので、注意が必要です。

2　指導の効果

無意識の行為を意識化することで、問題を主体的に解決するために必要な資質・能力を養うことができます。また、取り得る行為を考え選択させることで、児童生徒の内面を強化していくことができます。

part 2

全時間の授業展開で見せる「考え、議論する道徳」

Ⓐ 主として自分自身に関すること　1 善悪の判断、自律、自由と責任

教材名 ノートのひこうき

（『みんなのどうとく　2年』学研）

ねらい よいことと悪いこととの区別をし、よいと思うことを進んで行う。

あらすじ 最初は丁寧にノートを使っていたゆきお君。ノートたちはゆきお君に買ってもらって良かったと喜んでいた。しかし、友達がノートをやぶって紙ひこうきを飛ばしている様子を見たゆきお君は、自分もノートをやぶり、紙ひこうきを飛ばしてしまう。

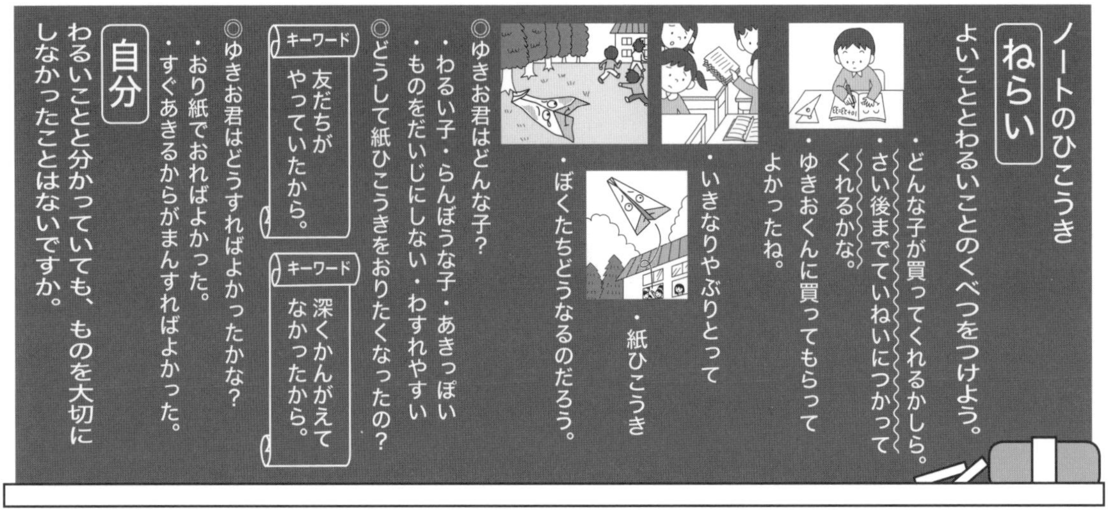

1　「算数セット」を用意させて、1年生の頃と比べてどうなったかを話す。

・○○がなくなった。・きちんとかたづけなくなった。

2　本時のねらいを確認する。

「よいこととわるいことのくべつをつけよう」

3　教材の内容を理解する。

（1）教師が範読する。　（2）各自、音読する。

（3）あらすじを確認する。

4　教材「ノートのひこうき」を読んで話し合う。

（1）「ゆきお君のことをどう思いますか。」

・わるい子　・らんぼうな子　・ものをだいじにしない

（2）「どうして紙ひこうきをおりたくなったのだろう。」

・友達がやっていたからついおりたくなった。

（3）「ゆきお君はどうすればよかったと思いますか。」

・ノートをやぶらないでつかっていい紙でおればよかった。

5　自分の経験を振り返る。

「わるいことと分かっていても、ものを大切にしなかったことはないですか。」

6　学んだことをワークシートにまとめる。

シート①「ノートの会話文」

算数のノートの会話文を表したシート。あらすじの確認の際に、「イラスト」と連動させて表示する。物からの願いとなる二つ目の文は、強調するために波線を施している。

シート②「子供の発言キーワードカード」

授業の中での、キーとなる子供の発言を書き込むための無地のカード。子供の発言が黒板を消した後にも残るために、授業後の教室掲示として活用することができる。

シート③「イラスト1～4」

あらすじの確認の際に、「会話文」と連動させて表示する。

☆子供たちの考えは、ワークシートに書かせるようにする。

☆道徳ノートを使っている場合は、ノートに継続して書かせたりワークシートをノートに貼らせたりする。

考え、議論する道徳づくりのためのポイント

①　具体物で導入を行う

導入では、自分の「算数セット」を用意させて、大切に道具を扱っていた１年生の頃を思い出させる。少なからず道具が欠損したり汚れたりしていて、以前の気持ちとは違う状態で現在使用していることに気づかせる。

②　他人事として建前を出させる

発問（１）は、ゆきお君についてどう思うかを考える発問である。まだ、他人事として考えているため、批判的な意見が多く出るだろうと予想される。なるべく多くの意見を出させておく。

③　自分事としてとらえさせる

発問（２）は、どうして紙ひこうきをおりたくなったのかを考える発問である。友達がやっていたからやりたくなってついやってしまうことは、自分たちの生活にあふれている。ゆきお君の行動は自分たちの行動でもあることに気づかせる。

④　教材から広げる

学習活動５は、自分の体験を振り返る活動である。教材の題材はノートであるが、ノート以外にも初心を忘れて大切に扱っていない物が、自分の身の回りにたくさんあることに気づかせる。

教材の扱い方

友達が紙ひこうきを楽しそうに飛ばしていたから、自分もノートをやぶって紙ひこうきを飛ばしたという行為は、理解できるし児童自身も行ったことのある経験の一つであろう。その時そこに小さな罪悪感がなかったか。この教材では、その罪悪感のことには触れていない。しかし、児童に共感させたいのは、その時に感じる罪悪感の存在である。

大切にしたいのは、登場する「ゆきお君」を悪者にせず、自分も「ゆきお君」であることを自覚させることである。「悪いと思っていても、ついやってしまったことがあるんだよな。でも、その時「少し残念ないやな気持ちになったな」というような経験の想起がポイントである。それができれば、教材を離れ実生活に生きる学習になるだろう。

悪いと思っていてもついやってしまうことへの「人間理解」、それでもよい事と悪い事との区別をつけて生活を送らなければならないという「価値理解」。二つの理解が、この教材の特徴である。

教材では、紙ひこうきとして飛ばされたノートのページがこれからの自分たちを心配する場面が描かれている。本実践では、その場面の理解に触れていないが、擬人化した物の気持ちに立って考えるという思考は、低学年段階において考えやすいために、学級の状況によって取り上げてみてもよいだろう。

シートの意味・使い方・効果

「ノートの会話文」シートを作成して、ゆきお君の行動によってノートの会話の内容が大きく変化していることに気づかせたい。また、二文目に登場する「さい後までていねいにつかってくれるかな。」は、物を言わない物たちの声や願いであることを伝えたい。

「子供の発言キーワードカード」は、事前に用意された内容ではなく、授業の中で子供とともに作っていくカードである。子供のキーとなる発言が残るために、発言した子供の充実感を高めることができる。

評価のポイント

１　本時の中での評価のポイント

学習活動１で、算数セットについての気づきを発言できているか。学習活動４の発問群で、自分の考えを表現できているか。学習活動５で、自分の課題としてとらえことができているかが評価の場面となる。学習活動１・４（１）（２）は観察を行い、学習活動４（３）・５はワークシートを見て評価する。

２　集積する記録や記述

学習活動４（３）・５・「本時の授業で学んだこと」は、評価に重きを置いて集積しておく。

Ⓐ 主として自分自身に関すること　1 善悪の判断、自律、自由と責任

教材名 小さな力のつみかさね－二宮金次郎－

（『わたしたちの道徳小学校１・２年』文部科学省）

ねらい 自分でやるべきことは、最後までしっかり行おうとする。
＊本教材については、巻末の90頁に転載。

小さな力のつみかさね

ねらい
「『自分でやることはしっかりと』を考えよう。

・べん強している。
・とてもまじめそう。
・みたことがある。
・くろうをしている。

◎おじさんにしかられたときにどうおもったのだろう。

金次郎
・なにかいいほうほうはないかな
・べん強がしたい。
・ぜったいあぶらを手にいれよう
・あきらめないぞ。

自分だったら・・・
・もうだめだ。あきらめよう。
・べん強はやめようかな。
・夜はねることにしよう。

「ぼく・わたしの中にある金次郎」
⇦
自分の中にも、金次郎のようなあきらめない・がんばりたい思いがある。

1　二宮金次郎の銅像の写真を見て、感じたことを出し合う。
・勉強をがんばっている人だな。

2　本時のねらいを確認する。
「『自分でやることはしっかりと』を考えよう」

3　教材の内容を理解する。
教師が範読し、あらすじの確認をする。

4　教材「小さな力のつみかさね－二宮金次郎－」を読んで話し合う。
（１）「おじさんに叱られた時、金次郎はどう思ったでしょう。」
・なにかいいほうほうはないかな。
・勉強がしたい。　・あぶらを手に入れよう。
（２）「おじさんに叱られた時、自分だったらどう思いますか。」
・はやくねるようにしよう。　・勉強はやめようかな。
・夜はねることにしよう。

5　自分の経験を振り返る。
「金次郎のように自分でやらなければならないことを、しっかり行ったことはありますか。その時の気持ちはどうでしたか。」

6　学んだことを、道徳ノートにまとめる。

シート①「二宮金次郎像」の写真
学習活動１で、教材を読む前の導入時に使用する。著作権フリーの写真を使用する。

シート②「イラスト１～３」
学習活動３のあらすじの確認の時に活用する。イラストを活用することによってイメージを喚起しやすくさせる。

シート③「自分だったら」カード
もし、自分だったらどういう気持ちになるか、どういう行動をとるかを考えるためのカード

シート④「ぼく・わたしの中にある金次郎」
学習活動５の自分の経験と照らし合わせる際に提示する。自分がするべきことをやり遂げた経験は誰しも持ち合わせているだろう。その時の、自分の中のがんばった経験や気持ちを思い起こさせるようにする。

☆道徳ノートを使っているなら、ノートに継続して書かせたり、ワークシートをノートに貼らせたりする。

考え、議論する道徳づくりのためのポイント

①　写真の活用

教材に取り上げられている人物が実在の人物だった場合、その人の写真や肖像などを提示すると、児童の興味関心を高めることができる。教材の人物に興味をもたせることで、人物の行動や考えについて、多面的に見ようとする意欲を喚起することができる。

②　焦点化された発問

教材の展開に沿って順を追って発問をすることは、教材の内容を理解しながら考えるという点においては効果的である。しかし、発問が多くなりすぎる嫌いがあり、低学年の子供たちの場合、ポイントがぼやけてしまうことになる。そこで、場面を焦点化し、焦点をしぼった発問をする。本教材においてのポイントは、勉強をしたい金次郎が、おじさんに油の使用をたしなめられた際に、どう思い、どう行動したかである。この場面にしぼることで、集中して考えることができる。

③　登場人物を生かした終末

学習活動５では、「ぼく・わたしの中にある金次郎」と題して自分の経験を想起させる。登場人物を遠い届かない人物とするのではなく、身近であり、自分の中にも登場人物のような思いが存在することを実感させる。

教材の扱い方

学校生活に慣れてくると、自分でできなければならないことが増え、家でも学校でも成長がより期待されるようになる。周りの期待に応えたり、自分で出来ることの達成感を感じたりして、前向きに努力することも多くなる反面、くじけそうになったり投げ出したりする行動も増えてくる。そのような時に「自律的」に行動できるとすばらしい。

本教材の主人公二宮金次郎の思いと行動は、私たちのものとは比べるべくもない。まず、私たちは金次郎のような存在では決してなく、ともすると意志を貫くことのできない弱い存在であるということを理解させたい。

一方、私たちも金次郎の思いや行動には届かないまでも、自分でやらなければならないことに一生懸命に向かい、やり遂げた経験をもっている。いつも思いを貫くことができない弱い存在なのではなく、自分を律することで、金次郎のような行動をとることができる。そのことにも気づかせたい。そのことが、ひいては実生活での「価値理解」につながると思われる。

「自律」は、これからの自分を成長させる大きなテーマである。この教材を活用して、弱い自分に打ち克ち、自分で自分の行動を律していくことの大切さに気づかせたい。

シートの意味・使い方・効果

写真は、インターネット等で掲載されているものを活用する。著作権がからんでくるために、著作権がフリーであるものを確実に確認してから使用するようにする。

「自分だったら」カードは、本授業だけではなく、登場人物の言動や行動を自分に置き換えて考える際に、いろいろな教材で活用することができる。

「ぼく・わたしの中にある金次郎」の表示は、金次郎を遠い存在にせず、自分の心の中にあることを示しており、そのような方向付けでとらえたい。

評価のポイント

1　本時の中での評価のポイント

学習活動４における金次郎の心情の想像、自分に置き換えたときの正直な心情の吐露ができているか。また、最も大きい評価ポイントは学習活動５の自分の経験の振り返りである。ここでしっかりと自分のプラスの経験を想起して、「ぼくも、わたしもできるんだ」という前向きな自分につなげることが大切である。

2　経験を想起できない子への対応

経験を想起できない子へは、個別に教師から見た学校での自律的・向上的な姿を伝えるようにする。

Ⓐ 主として自分自身に関すること　2 正直、誠実

教材名 花びんがわれた

（『新　生きる力 2』日本文教出版）

ねらい 嘘やごまかしをしないで、自分の気持ちに従い素直な心でのびのびと生活しようとする態度を養う。

あらすじ 掃除の時間、花びんを倒してしまったわたし。ふちが欠けてしまったが、分からないように糊で貼って戻しておいた。しかし翌日、まさるさんが水を汲みに行き、ふちを蛇口に当ててしまい、自分が花びんを割ってしまったとみんなの前で謝ることに。わたしは複雑な気持ちになり、泣き出してしまう。

花びんがわれた

ねらい

自分のしたことがよくないと気づいたら、どんな気もちで行どうすることが大切だろうか考える。

○花びんのふちが少しかけています。

・しまった。どうしよう。
・正直に言おうかな。
・しかられたらいやだな。
・だれも見ていないから、かくしちゃおう。

○声が出ません。

・わたしはだまっているのに、まさるさんは正直にあやまっている。
・正直に言いたいな。
・心がすっきりしないな。
・わたしがわったのに…。
・先生にもめいわくをかけているな。

○きゅうにかなしくなって、なき出しました。

・ごめんね。わたしがわったのに。
・正直に言いたかったの。
・これからは、正直に言いたい。
・正直に言ってすっきりしたい。

○皆さんだったら、その時謝れますか。

・わたしと同じで、謝れない。
・正直に言いたいけど、言いにくい。
・まさるさんに悪いから謝る。

1　本時のねらいを確認する。

「自分のしたことがよくないと気づいたら、どんな気もちで行どうすることが大切だろうか考える。」

2　教材「花びんが割れた」を読んで話し合う。

（1）教師が範読したあと、各自、音読する。

（2）「花びんのふちがかけてしまった時、わたしはどんな気持ちだったでしょう。」

・しまった。どうしよう。　・正直に言おうかな。

・叱られたらいやだな。

（3）「声が出せないわたしはどんな気持ちだったでしょう。」

・本当はわたしが割ったのにまさるさんが謝っている。

・正直に言いたい。　・心がすっきりしない。

（4）「皆さんだったら、その時謝れますか。」

・わたしと同じで、謝れない。

・正直に言いたいけど、言いにくい。

・まさるさんに悪いから謝る。

3　今日の授業を振り返って、感想をまとめる。

「今日の授業で、気づいたことや考えたことを書こう」

シート①「ねらい」

本時のねらいを確認する際に貼る。学校統一のものがあればそれを使用する。

シート②「イラスト 1」

発問（2）の際に貼る。花びんを割ってしまい困っている表情のわたしのイラスト。わたしの表情に着目して気持ちを考えられるようにする。

シート③「イラスト 2」

発問（3）の前に貼る。みんなに責められるまさおと、困っているわたしのイラスト。まさおの気持ちにも着目させたい。

☆考えは、ワークシートに書かせ、自分の考えをはっきりもたせる。

☆道徳ノートがあれば、ワークシートを使わずにノートに書いてもよい。ワークシートをノートに貼らせてもよい。

考え、議論する道徳づくりのためのポイント

①　役割演技をさせる

低学年では即興でセリフを言うことは難しいので、教材文の会話を用いる。役割演技の後で、演技をした児童に、その場面での「わたし」の気持ちを教師がインタビューする。また、役割演技を見ていた児童にもインタビューし、思ったことを話し合う。演技をさせることで、気持ちを想像しやすくなる。

葛藤場面では、言いたいけど言い出せない「わたし」と、正直に話したまさるの両方の立場を演技させることで、相手の気持ちを思いやって考えることにつなげる。

②　教師のコーディネート

児童のつぶやきを拾い、うなずいたり共感したりしている児童を指名し、児童同士での話し合いをつなげていく。

少数意見に目を向ける声かけや、重要なキーワードを色チョークで目立たせたり紹介したりすることで、話し合いの視点を絞る。

教材の扱い方

掃除の時間中、「わたし」は花びんを倒してしまい、花瓶のふちが少し欠けてしまう。大変なことをしてしまったと思いながらも元のところに戻す。その日の帰り、誰も見ていないのを確認しわからないようにのりで貼っておく。

次の日、水汲み当番のまさるが花瓶を持って水を汲みに行ったところ、誤って花瓶のふちを蛇口に当てて花びんを壊してしまう。まさるはごまかすことなく、正直に割ってしまったことをみんなに打ち明ける。その様子を「わたし」は目をそらして悲しい顔をしながら聞いている。

授業では、正直に言いたいけれど言えない「わたし」の心の中を十分に考え議論させたい。この「わたし」の心の葛藤場面を大切に教材を扱っていく。特に以下の点に気を付けてこの教材を扱っていく。

- 大変なことをしてしまったと分かっていながら、それを隠してごまかそうとした「わたし」の心の弱さに共感させる。
- 正直に言いたいけど言えない「わたし」と正直に謝ったまさるの両方の立場で役割演技させることで、二人の気持ちを知りそれを比較する。

シートの意味・使い方・効果

場面絵は、「花びんを割ってしまって困っているわたし」と、「正直に謝りたいけれど言えないわたし」の二枚を用意しておく。

一枚目は、割れた花瓶を前に、誰も見ていないからそれを隠してしまおうとする「わたし」の心の弱さに共感させるために使う。

二枚目は、皆から責められているまさる君を直視できず、背中を向けている「わたし」の表情や気持ちに焦点を当て、正直に打ち明けたまさると正直に言えない「わたし」の気持ちを比較させるために用いる。

人物の表情に着目させることで、登場人物の心情を想像しやすくなる。

評価のポイント

1　本時の中での評価のポイント

役割演技を通して「わたし」の心の弱さに共感したり、「わたし」とまさるの両方の立場で考えて意見が言えているかを見取る。また、多角的・多面的に捉えている児童を全体に紹介することで、他の児童の道徳性の理解の深まりを促す。

2　道徳カードの振り返り

学んだことや感想だけでなく、話し合いの中でどのように自分の考えが変わったか、誰の意見が参考になったかを具体的に書かせ、道徳性の成長を見取る。

教材名 お月さまと　コロ

（『わたしたちの道徳　小学校１・２年』文部科学省）

ねらい 素直な気持ちが周りも自分も明るくすることが分かり、明るいこころで生活しようとする態度を養う。

＊本教材については、文部科学省のHPよりダウンロード可。

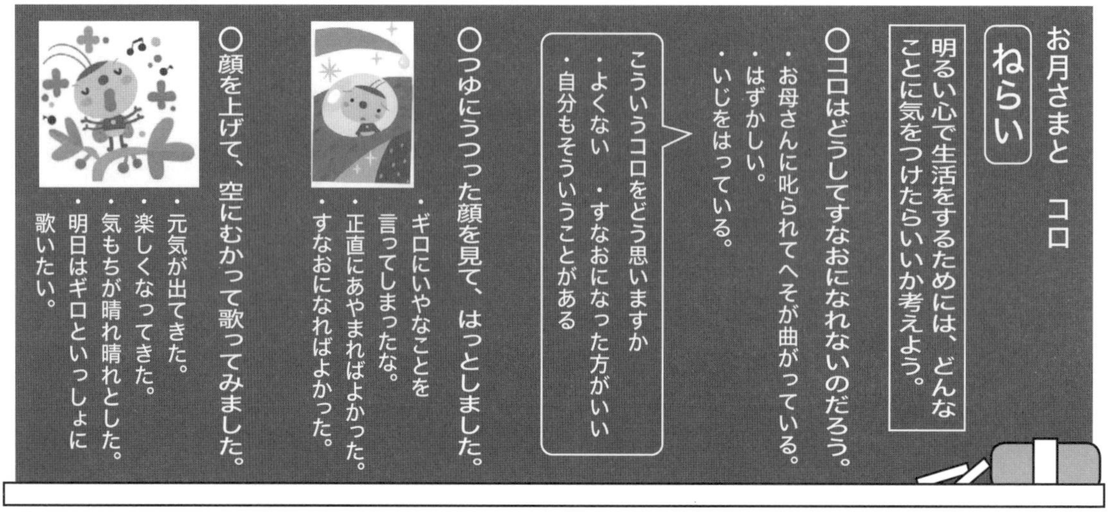

１　本時のねらいを確認する。

「明るい心で生活をするためには、どんなことに気をつけたらいいか考えよう。」

２　教材「お月さまと　コロ」を読んで話し合う。

（１）教師が範読したあと、各自、音読する。

（２）「コロはどうして素直になれないのでしょう」

・お母さんに叱られてへそが曲がっている

・はずかしい　・いじをはっている

（３）「そんなコロを皆さんはどう思いますか」

・謝った方がいい　・すなおになる

・よくない　・自分もそういう時がある

（４）「つゆにうつった顔を見て、コロはどんなことを思ったでしょう」

・ギロに悪い　・謝ればよかった

・素直になればよかった

（５）「空に向かって歌った時、どんな気持ちだったでしょう」

・元気になった　・楽しくなった

・晴れ晴れした　・明日はギロと歌いたい

３　今日の授業を振り返って、感想をまとめる。

「今日の授業で、気づいたことや考えたことを書こう」

シート①「ねらい」

本時のねらいを確認する際に貼る。学校統一のものがあればそれを使用する。

シート②「イラスト１」

発問（３）の際に黒板に貼る。コロの悲しそうな顔にも着目させ、ころの気持ちに共感できるようにする。

シート③「イラスト２」

発問（４）の際に貼る。素直な気持ちになったことで、自分の心も明るくなったことに気づかせる。

☆考えは、ワークシートに書かせ、自分の考えをはっきりもたせる。

☆道徳ノートがあれば、ワークシートを使わずにノートに書いてもよい。ワークシートはノートに貼らせてもよい。

考え、議論する道徳づくりのためのポイント

①　考えを書かせる

1年生も後半になってくれば、ある程度の文章が書けるようになる。自分の考えをワークシートや道徳ノートに書かせることで、自分の考えや立場をはっきりさせることができる。自分の考えや立場がはっきりしていれば積極的に発言をすることができる。また、ノートを見せ合うことで、お互いの考えを知ることもできる。

②　自分事として考える

コロの取った行動についてどう思うかを考えることで、自分だったらどうするかについて考えさせる。教材の読み取りや心情の理解が苦手な児童も、自分だったらどうするかという観点からならば、比較的意見を述べやすい。

③　教師のコーディネート

低学年では、深く考えさせたり話し合いをさせたりする場合、教師の言葉かけやコーディネートが不可欠である。価値に関わる意見を取り上げ、全員に分かりやすく伝え、改めてその意見についての考えを聞くなどの工夫をすると話し合いが活発になる。

教材の扱い方

コロはわがままで、たった一人の友達のギロとも喧嘩をしてしまう。素直に謝ることもできずに悲しんでいると、お月さまが励ましてくれる。お月様に元気に歌うことを勧められて歌ってみると、晴れ晴れとした気持ちになる。そして、ギロに謝ろうと思うようになるという話である。

前半では、優しいギロに対して素直になれないコロの気持ちに共感させたい。後半では、お月さまの言葉で素直な気持ちを取り戻し、心が晴れ晴れとなったコロの気持ちの変化について考えさせたい。

特に以下の点に留意する。

- 唯一の友達であるギロも怒らせてしまい、謝るか謝るまいか二つの心が葛藤している場面で、コロの気持ちに共感させる。
- お月さまから言われた「さあ、元気を出して歌ってごらん。」という一言で心が晴れ晴れとしたコロの気持ちの変化について考えさせる。

シートの意味・使い方・効果

場面絵は教科書のイラストの拡大である。児童がスムーズに話し合いに入れるように、議論したい場面を準備しておく。

1枚目は、つゆにうつった自分の顔をコロが見ている場面である。この場面で、コロはギロに謝ることができない自分を見つめ直すことになる。謝りたいけれども謝れないコロの心情を想像する上で、コロの顔の描かれたイラストは効果的である。

2枚目は、お月様に歌を歌うことを勧められて、歌っているうちに楽しくなってきたコロの様子を描いたものである。お月さまの一言で気持ちが軽くなり、晴れ晴れとしたコロの気持ちに共感できる。自分の気持ちに正直になると心がすっきりするという、価値の把握につなげるために場面絵を有効に使う。

評価のポイント

1　本時の中での評価のポイント

（3）の発問では、自分がコロのことをどう思うかについて問い、自分事として考えているかを見取る。自分には謝ることは簡単にはできないと答えた場合でも、自分が取り得る行動を真剣に考えているという点で評価することができる。

発問（5）では、素直に行動することのよさについて、自分なりに考えることができたかどうかを見取るようにする。

2　道徳カードの振り返り

学んだことや感想だけでなく、話し合いでどのように自分の考えが変わったか、誰の意見が参考になったかを具体的に書かせる。

Ⓐ 主として自分自身に関すること　3 節度、節制

教材名 じぶんでオッケー

（『みんな　たのしく　どうとく２』東京書籍）

ねらい 身の回りを整え、わがままをしないで、規則正しい生活をしようとする。

あらすじ お母さんに頼りながら学校に行く準備をしていたとも子。先生から「自分でできることを一つでも増やしましょう」と言われた帰り道、友達のみちえの言葉にどきっとし、翌朝からひとりで準備をするようになった。

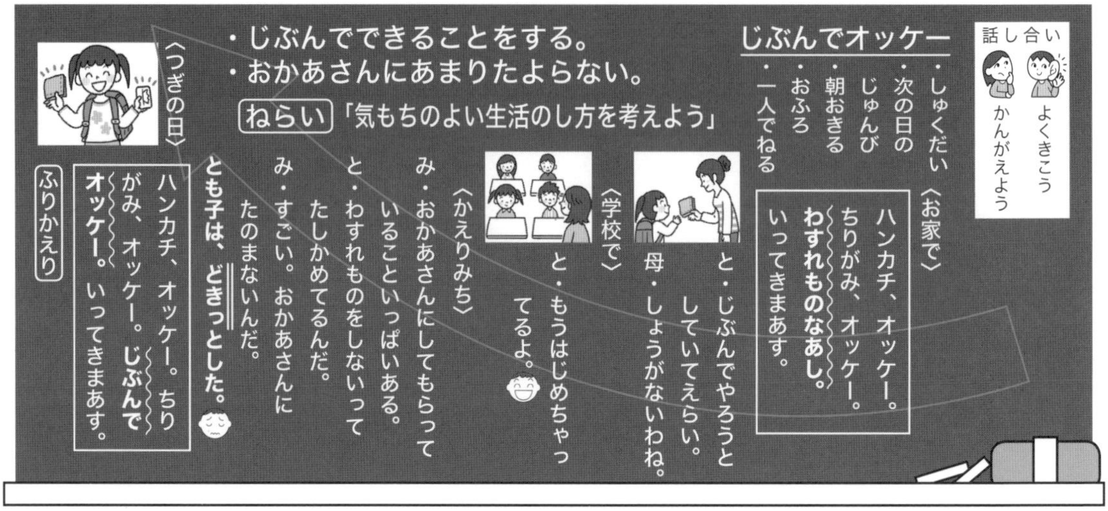

1　教材「じぶんでオッケー」という題名から考えて、身の回りのことで、自分でやっていることを発表する。

「『じぶんでオッケー』、自分でできることは何ですか。」

2　本時のねらいを確認する。

「気もちのよい生活のし方を考えよう」

3　教材を前半と後半に分けて内容を理解し価値につなげる。

（１）教師が前半（「～とも子はどきっとしました。」まで）を範読し、２年生になったとも子の様子を、「お家で」「学校で」「帰り道」と分けて確かめ、なぜ、「どきっと」したのかについて話し合う。

①お家でのとも子の様子について確かめましょう。

②学校でのとも子の様子について確かめましょう。

③帰り道でのとも子の様子について確かめましょう。

④とも子は、なぜ、どきっとしたのでしょうか。

（２）教師が後半「つぎの日のあさです。～」を範読し、とも子が気が付いて行動しようとしていることを確かめ、最初と最後の会話文も手がかりに、とも子のよさについて話し合う。

4　これから自分がどんなことに気をつけて生活していくかについて考える。

5　学んだことを、ワークシートまたは道徳ノートにまとめる。

シート① **「ねらい」「ふりかえり」**

ねらいを確認する際、ふりかえりを書く際に貼る。

シート② **「顔の表情のイラスト」「矢印」**

登場人物の気持ちや変容を視覚的に顔の表情や矢印で見える化する。

シート③ **「イラスト１～３」**

場面ごとの様子を示したイラストを貼り、心情を確認しやすくする。

シート④ **「主要文１・２」**

３（２）の際に主要文として貼る。

シート⑤ **「話し合い」**

黒板、または教室内に掲示し、話し合う際に注意することを確認する。継続して話し合う力を意識して高めていく。

☆子供たちの考えは、ワークシートまたは道徳ノートに書かせることを原則とする。道徳の評価に活用するために、上記のような学習の足跡の蓄積や児童の変容を見取ることができるものは欠かせない。

考え、議論する道徳づくりのためのポイント

① 本時で使用する教材の題名から自分の生活について考えさせ、教材に込められた価値を自分事として捉えるようにさせる

導入から価値項目に迫っていくために、自分の日常生活と教材名『じぶんでオッケー』の内容をつなげることで、教材で起こっている出来事を自分事として考えていけるようにする。

② 登場人物の心の変容や気づきを捉えさせる

発問（1）③で、「とも子」がなぜどきっとしたのかを考え、さらに学習活動の（2）で話し合うことで、登場人物の心情を多面的に考えさせる。とも子が本当の意味で「じぶんでオッケー」を意識し、行動するまでの変容を掴ませる。

③ 考えた理由を問う

「なぜ、そう考えたのですか」と、理由を問うことによって、立場がより鮮明になり、話し合いが始まる。また、理由を問うことによって、自分の日常生活に結び付けて考えることになる。このことが、４の自分の生活に結びつけて考える活動に自然につながっていく。自分事として考えることで、議論がより広がっていくようになる。

④ 構造的な板書

構造的な板書を工夫することで、学習内容全体が視覚化、焦点化され、全体を見通すことができる。その結果、価値項目に迫るような本音を、子供たちから導き出すことができる。

教材の扱い方

新年度のスタート、新しい学年になった思いからも、「忘れ物はしない」という誓いを立てたとも子。学校で、先生からの「自分でできることを一つでも増やしましょう」という言葉に、自分はもう始めてるよという優越感に浸っている。しかし、帰り道での仲良しのみちえさんとの会話から、「自分でできるとは何か」についての大事なことに気が付き、本当の意味で「自分でできる」ようにしていこうとする。

そのようなとも子の様子を自分事として掴み取るために、掛け声が最初の「～わすれものなあし。～」から、最後の「～じぶんでオッケー。～」に変わっている点や、前半と後半とでの、とも子の行動や気持ちの変化について考えさせたい。

この教材には次の二つのポイントがある。それらをしっかりと押さえたい。

1　自分のやっていることが足りないことに気づいたとも子が、よりよい行動に変えることで向上的に自分を高めようと努力している様子。

2　最初の掛け声と最後の掛け声の違いに、とも子の思いの変容が表れていること。

シートの意味・使い方・効果

イラストは教材文と同じ場面のものである。場面を確認する際に、イラストを黒板に貼って用いる。低学年の発達段階も考え、あらすじが確認しやすくなると同時に、このイラストが、常に自分のできることを増やし、「気持ちのよい生活をしていこう」とするとも子のにこやかな表情を示しているので、子供たちが場面と価値項目を捉えやすくなる。

「話し合い」シートは「話し合い」を行う際に、意識付けとして黒板に貼る。よく聞くことやよく考えることについても意識付ける。

評価のポイント

1　本時の中での評価のポイント

とも子が、みちえさんのひと言でどきっとし、自分を見つめ直した場面で、自分ならどうするかを考え、さらに友達の意見を聞いてそれがどのように変容していったかを見取り記録する。特に変容した部分を記録しておく。ノートへの記述や表情などからも見取るよう心掛ける。

2　集積する記録や記述

「自分の生活について」「本時での学び」を、ワークシートや道徳ノートに書かせ、ファイリングする。

Ⓐ 主として自分自身に関すること　3 節度、節制

教材名 るっぺどうしたの

（『わたしたちの道徳　小学校１・２年』文部科学省）

ねらい 身の回りを整え、わがままをしないで、規則正しい生活をしようとする。
＊本教材については、巻末の91頁に転載。

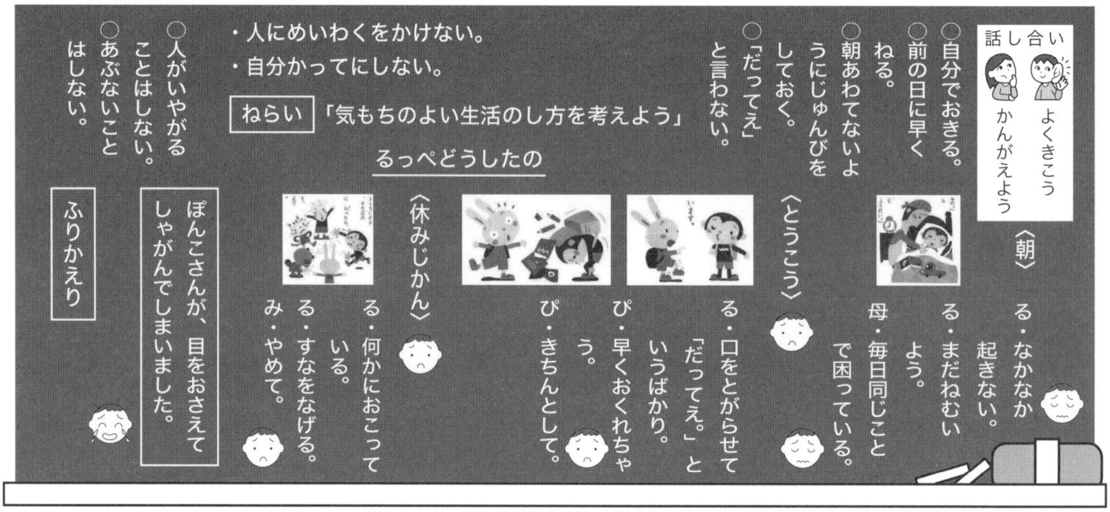

1　本時のねらいを確認する。
「気もちのよい生活のし方を考えよう」

2　教材の内容を理解する。
（1）教師が場面ごとに範読しながら、題名と絡めて「るっぺがどうしたのか」、朝、登校、休み時間の様子を確かめ、その行動と関わりのある人の様子について話し合う。
①朝の様子について話し合いましょう。
「朝のるっぺはどうしたの？」
・寝ていて、お母さんが声をかけても起きない。
・もうすこしねていたい。
「その時、お母さんはどうしたの？」
・起こそうと声をかけているけど困っている。
・毎朝、こまった子だわ、と思ってる。
②登校の様子について話し合いましょう。
③休み時間の様子について話し合いましょう。

3　「るっぺ」はどうすればよかったのかを考え、自分の生活を振り返る。
「これから、どんなことに気をつけて生活していけばよいと思いますか。書いたら発表しましょう。」

4　学んだことを、ワークシートまたは道徳ノートにまとめる。
「振り返りを書きましょう。」

シート①「ねらい」「ふりかえり」
ねらいを確認する際、ふりかえりを書く際に貼る。

シート②「イラスト１～４」
様子確認の際に、場面ごとの様子を示したイラストを貼り、確認しやすくする。

シート③「顔の表情のイラスト」
登場人物の気持ちや変容を視覚的に顔の表情で見える化する。

シート④「主要文」
（1）③の際に主要文として貼る。

シート⑤「話し合い」
黒板、または教室内に、話し合いに大切な事柄を掲示し確認する。継続して話し合う力を意識し高めていく。

☆子供たちの考えは、ワークシートまたは道徳ノートに書かせることを原則とする。道徳の評価に活用するために、上記のような学習の足跡の蓄積や児童の変容を見取ることができるものは欠かせない。

考え、議論する道徳づくりのためのポイント

① 両方の立場について考えさせ、多面的な見方ができるようにする

発問①～③は、児童に両方の立場を考えさせる発問である。自分のことだけではなく「相手はどう思っているのか」と問いかけて、多面的な見方を身に付けさせる。

② 立場を選択させる

発問③では、「るっぺ」か「クラスのみんな」のどちらかに立場を置かせて、「るっぺ」の行動について、お互いの立場での意見が出るようにさせる。（役割演技をさせてもよい。）「るっぺ」の立場に立つ児童がいない場合には、指導者がその立場に立ち、考えをゆさぶって議論へと導いていくことでもよい。

③ 選択した理由、考えた理由を問う

「なぜ、そう考えたのですか」と、理由を問うことによって、立場がより鮮明になり、話し合いが始まる。この理由を問うことによって、自分の日常生活に結び付けて考える児童が多くなり、話し合い活動をしながらも、４の自分の経験を振り返る活動に自然に向かっていける。自分事に結びつけて、議論が広がりを見せる可能性の大きい活動である。

④ 構造的な板書で教材と価値項目（ねらい）をつなぎ、価値項目に迫る本音を導き出す

構造的な板書を工夫することで、学習内容全体が視覚化、焦点化され、全体を見通すことができ、価値項目に迫る本音を導き出す。

教材の扱い方

朝、お母さんに起こされてもなかなか起きない「るっぺ」。「ぴょんた」が迎えにきたにもかかわらず、待たせたり、くつのかかとを踏んだり、ランドセルのふたをきちんと閉めずに中身を飛び出させてしまう「るっぺ」。休み時間に一人不機嫌になって、砂を投げて皆に迷惑がられている「るっぺ」。色々な場面で周りに迷惑をかけている「るっぺ」であるが、最後は、「ぽんこ」が目をおさえてしゃがんでしまう。極端な例であるかもしれないが、多かれ少なかれ、児童の身の回りにも起こりそうな例である。

「人のふり見て我がふり直せ」の視点で、「ぽんこ」が目をおさえてしゃがんでしまった場面で、「るっぺ」がどうするのか、そうなる前にどうしていたら良かったのかを考えさせたい。

この教材の扱いには次の二つのポイントがある。

1　様々な場面で、人の話を聞かずにわがままを通している「るっぺ」と周りの様子。

2　最後の２行の後に、「るっぺ」がどうしたのかを考えさせ、皆が気持ちよく生活するにはどうすれば良いのかにつなげていくこと。

シートの意味・使い方・効果

イラストは『わたしたちの道徳』と同じものである。場面を確認する際に、イラストを黒板に貼って用いる。あらすじを確認しやすくなると同時に、このイラストの場面が、基本的な生活習慣である「節度、節制」の中の具体的な道徳的価値項目を捉えさせる問題の場面となっているために、子供たちが話し合いやすくなる。

「話し合い」シートは「話し合い」を行う際に、意識付けとして黒板に貼る。よく聞くことやよく考えることについても意識付ける。

評価のポイント

1　本時の中での評価のポイント

「るっぺ」が様々な行動をしている場面で、「どうすればよいのか」という問いに対してどのように考え、友達の意見を聞いてどのように変容していったかを見取り記録する。ノートへの記述や表情などからも見取るよう心掛ける。

2　集積する記録や記述

「るっぺはどうすればよかったのか」「本時の授業で学んだこと」を、ワークシートや道徳ノートに書かせ、ファイリングしておく。

Ⓐ 主として自分自身に関すること　4 個性の伸長

教材名 七のだん、ごうかく

（『どうとく２年　きみがいちばんひかるとき』光村図書）

ねらい 自分のよさを知り、そのよさを伸ばしたいという心情を育てる。
＊本教材については、巻末の92頁に転載。

1　本時のめあてを確認する。

「じぶんのいいところをしろう。」

2　教材「七のだん　ごうかく」を読んで、あきこの心情の変化について話し合う。

（1）「ああ、どうしておぼえられないのかなあ。」に続く言葉は何でしょうか。

・もっとがんばらないといけないな。
・やっぱりおぼえられないのかな。

（2）「言えた。」と心の中で叫んだ時の気持ちを考えましょう。

・努力してよかった。
・やったー！うれしい。

（3）あきこは、なぜ涙を流したのでしょうか。

・すごくうれしかったから。
・努力を続けて七の段を言えたから。（努力の素晴らしさ）
・みんなにほめてもらえたから。（他者からの賞賛）

3　あきこのいいところを発表する。

4　保護者からの手紙を読み、自分のいいところに気づく。

5　自分のいいところを伝えてもらった感想を発表したりノートに書いたりする。

シート①「イラスト」

挿絵を掲示して場面の様子を想像しやすくする。挿絵から内容を想起させてもよい。

シート②「顔の表情のイラスト　悲しみ、喜び、涙」

あきこの心情変化のイメージを持たせるため、場面に合わせた表情イラストを提示する。喜びの変化を想像させるとともに、三つ目のイラストの涙にも着目させる。

シート③「くらべよう」

多様な意見が出た後、その意見を比べさせる。カードを提示して、どの意見に納得（共感）するか、理由も話し合わせる。

シート④「保護者からの手紙」

事前に保護者に書いてもらった手紙を紹介し、プレゼントとして児童に手渡す。自分のいいところに気づくきっかけとする。

シート⑤「ふりかえろう」

授業の最後、発表やペアトーク、作文を通して、気づきや学びを実感させる。

考え、議論する道徳づくりのためのポイント

①　表情をイラストで表現する

低学年では、人物の心情を想像することに難しさを感じる児童もいる。そこで、挿絵から気持ちを想像させたり、表情のイラストを用いて心情の変化を分かりやすくする。そうすることで、ひとりひとりが考えをもつことができ、活発な意見交流が期待できる。

②　教師がわざと間違った理解を示す

教材後半、あきこが涙を流す場面がある。七の段を合格して喜びの涙を流しているのだが、この涙に注目せたい。「涙を流すぐらい、悲しかったのだね。」と語りかけると、児童は「違う！その涙は…。」と説明を始める。そこから、教師と児童との議論が始まる。「でも、涙を流すぐらい苦しかったんだよね？」「何に対して涙を流したのかな？」「何が一番うれしかったのかな？」「みんなも涙を流すぐらい喜んだことはある？」などと問い返していくことで、深い価値理解をねらう。

③　保護者からの手紙を紹介する

事前に保護者から、最近がんばっていることや、子供の長所をほめる手紙を預かり、授業後半で手渡す。ほめてもらえることに対するうれしさを学級全体で共感するとともに、ほめてもらえているところが自分のいいところであると気づかせる。そして、にこやかな雰囲気の中で、安心して感想を伝え合わせることを通して、他者理解も深めさせる。

教材の扱い方

低学年の児童にとって、自分を他者の視点で見つめることは難しく、自分の長所や短所に気づいている児童は少ない。それゆえ、友達と衝突したり同じ失敗を繰りかえしたりしてしまうことがある。

また、学校生活において、友達とのトラブルを通して、どうしても短所だけに目を向けてしまうことがある。そのことが、児童の自尊感情の育ちの足かせになってしまう場合がある。

本授業では、努力を重ねて七の段の暗唱試験に合格したあきこ（中心人物）のよさを見つけることから学習を始める。誰にでもよいところやがんばっていることがあることを理解させることで、児童自身のいいところを知りたいという意欲を喚起する。

また、保護者の協力が得られれば、生活科の学習と関連させつつ、保護者から子供達へ事前に子供のよさを綴った手紙を書いてもらう。その手紙を授業の中で手渡すことで、児童は自分自身では気づき難い自分のよさに気づくだろう。

児童の最も良き理解者であり応援者である保護者からの言葉で伝えることによって、児童は実感を伴って自分の長所を自覚するようになる。

シートの意味・使い方・効果

表情のイラストは、様々なイラストを用意して選択させたり、児童に書かせてみたりしてもよい。

「くらべよう」は、話し合うことで人物の心情や道徳的価値の理解を深めさせたい時に使用する。カードを提示することで話し合いのスイッチを入れ、児童の意識を友達の意見と比較することに向けさせる。

保護者からの手紙は、学級懇談会などでしっかりと意図を伝え、理解を確実に得られるようにしたい。また、授業後は学級通信などで授業の様子や感謝の言葉を伝えることを忘れないようにしたい。

評価のポイント

1　本時の中での評価のポイント

あきこの心情を積極的に理解しようとしているか、発言や話し合いの様子から見取る。また、自分のよさに気づいているかどうかも、授業後半の発言やノートにまとめた感想から判断する。

2　道徳ノートの振り返り

保護者からの手紙を読んだ感想や、自分のよさを知った喜びを具体的に書かせる。教師からのコメントだけでなく、保護者にもノートを読んでもらいコメントを書いてもらうようにしたい。

Ⓐ 主として自分自身に関すること　4 個性の伸長

教材名　さかあがり　できたよ

（『みんな　たのしく　どうとく２』東京書籍）

ねらい 自分のよいところについて考え、よさを伸ばしていこうとする意欲を育てる。

あらすじ てつぼう遊びが大好きな女の子。ある日、友達の上手な逆上がりを見て、自分もできるようになりたいと練習を始める。なかなか一人でできなかったが、夏休みも練習を続けた結果、何回もできるようになった。

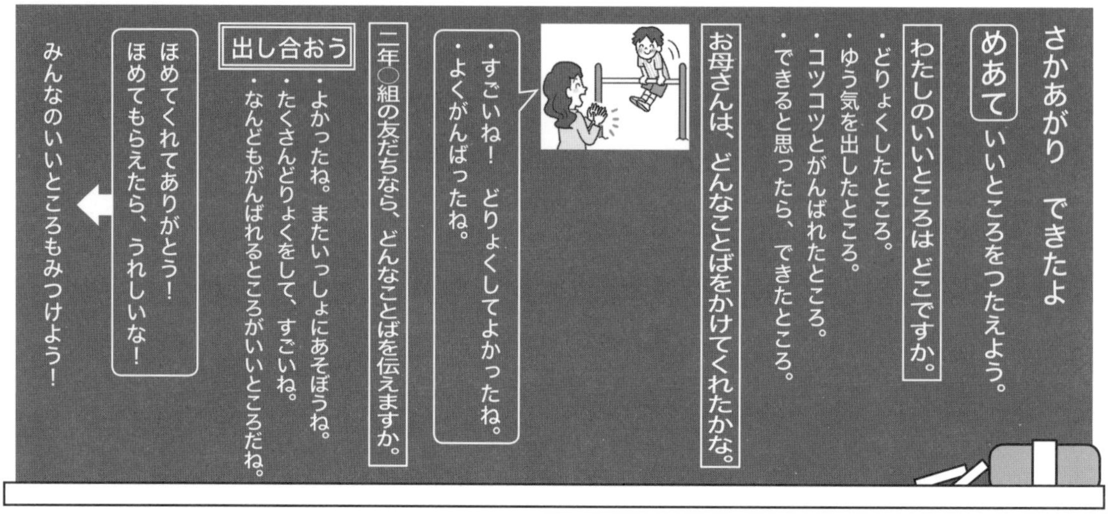

1　本時のめあてを確認する。

「いいところをつたえよう。」

2　教材の範読を聞き、感想を伝え合う。

「このお話のいいところを隣の人に伝えましょう。」

3　教材「さかあがり　できたよ」について話し合う。

（1）「わたしのいいところは、どこですか。」

・逆上がりの練習をがんばったところ。

・毎日努力したところ。

（2）「お母さんは、わたしにどんな言葉をかけてくれたかな。」

・よくがんばったね。　　・おめでとう！

・すごいね。どりょくしてよかったね。

（3）「２年○組の友達なら、皆さんはどんな言葉を伝えますか。」

・一生懸命努力したところがすごいよ。

・これからもいろいろなことをがんばってね。

（4）「わたしに、いいところを伝えてあげよう。」（役割演技）

4　先生がみつけた「クラスのみんなのいいところ」を聞く。

5　ハッピーレターで、友達のいいところを伝える。

6　自分のいいところを伝えてもらった感想を、発表したりノートに書いたりする。

シート①「めあて」

本時の授業のねらいを提示する。学校や地区に合わせて提示の仕方は工夫する。

シート②「イラスト　お母さんと私」

場面のイメージを持たせるために、挿絵を提示する。お母さんから吹き出しを出すことで、配慮の必要な児童にも何を考えるのか想像しやすくする。

シート③「出し合おう」カード

活動３で、わたしに伝えたい言葉を発表する際に「出し合おう」のカードを提示し、多様な意見を引き出す。

ワークシート「ハッピーレター」

活動４で先生からのいいところをみんなに伝えると、学級に優しい空気が生まれる。そこで、ハッピーレターを書くことを紹介する。友達のよいところを本人に伝えさせることで、自分のよさに気づかせる。全員の前で書いたものを紹介させてもよい。

考え、議論する道徳づくりのためのポイント

①　問い返しの発問で児童の発言を揺さぶる

「わたし（中心人物）のいいところは、どこですか。」と発問をすると、「逆上がりができたこと。」と答える児童がいる。そのような児童に、「では、逆上がりができていなかったら、わたしにはいいところはないのかな？」と問うことで、結果ではなく、がんばりや心のよさに目を向けさせる。

②　役割演技を通して、喜びを実感させる

「わたし」が友達だとしたらどのように声をかけるか、実際に役割を決めて演じさせる。そして、その時の演者の気持ちを想像させる。また、いいところを伝えてもらった時の喜びを全員に感じさせ、「友達のいいところをみつけたい！」という気持ちを育む。

③　友達のいいところを伝え合わせる

「議論」という用語には様々な意味が含まれている。直接意見を伝え合うことはもちろんであるが、低学年の児童にとって、「伝えたい」という強い気持ちを持って発言したり、友達の考えをしっかりと聞いたりすることも立派な議論となる。

この授業では、友達のいいところを伝え合うことで、教室中に笑顔が広がる。温かく優しい雰囲気の中、進んで発言できる安心感を与えたり、もっと意見を交流したいという気持ちを芽生えさせたりすることもできる。今後の道徳科の学習に必要な素地を育てることができる授業になると言える。

教材の扱い方

個性の伸長とは、自分のよさを生かし更にそれを伸ばし、自分らしさを発揮しながら調和のとれた自己を形成していくことである。この時期の児童は、自分自身を客観視することが十分にできるとは言えない。他者からの評価によって自分の特徴に気づくことがほとんどである。ただし、他者との関係によって自分の特徴を知ることになるが、児童自身が実感することによって、自分の特徴への気づきがより確かなものになる。

本教材は、「努力と強い意志」を扱う教材でもある。中心人物である「わたし」は、何度も練習を繰り返すことで、逆上がりができるようになる。上手にできなくても練習を続けたところが、わたしのいいところであるといえる。

本授業では、このわたしのよさに気づかせることを通して、学級の友達のいいところを見つけたいという意欲を持たせる。そして、よさを伝え合うことで、学級全員が自分のよさに気づくことをねらいとしている。

大切なことは、教室に温かく優しい空気を広げることである。そのためには、教師が常に笑顔で発問したり発言をつなげたりすることが求められる。そして、児童が安心してよさを伝え合い、この授業を終える頃には、自分のよさを自覚できるようにしたい。

シートの意味・使い方・効果

教材の場面の様子を想像しやすくするために、お母さんが笑顔でわたしを見ている場面のイラストを活用する。その場面のお母さんの言葉は、わたしへの愛情たっぷりの優しく温かな言葉であると想像できる。そして、児童の発言は、多くの場合、自分がかけられたい言葉を反映しているものになると思われる。「出し合おう」カードは、たくさんの意見を出させたい時に提示する。ハッピーレターは実態に合わせて工夫して活用してほしい。

評価のポイント

1　本時の中での評価のポイント

授業後、自分のいいところに気づき、長所を伸ばしたいという意欲が育っていることが大切である。話し合いの中で自分のよさについて発言できているか評価したい。

2　道徳ノートの振り返り

学んだことや感想だけでなく、自分のよさへの気づきや友達への感謝なども具体的に書かせたい。

教材名 ぼくは「のび太」でした

（『みんな　たのしく　どうとく2』東京書籍）

ねらい 夢をかなえるためにできることを考えようとする。

あらすじ 「ドラえもん」を生み出した漫画家、藤子・F・不二雄。子供の頃は、並外れて不器用で漫画を描くのが遅かった自分を「ぼくは『のび太』でした」と評す。

1　本時のねらいと「ゆめ」を確認する。
「自分のゆめについて考えよう。」

2　藤子・F・不二夫先生とのび太の性格を想像させる。
（1）「のび太はどんな人でしょうか。」
・いつもたよっている　・なき虫　・なまけもの
（2）「ドラえもんをかいた藤子・F・不二雄さんは、どんな性格の人だと思いますか。」
・やさしい人　・がんばる人　・頭がよい人

3　教材「ぼくは「のび太」でした」を読んで話し合う。
（1）教師が範読し、内容を確認する。
（2）藤子・F・不二夫先生は「ぼくはのび太でした」と言っています。それを聞いてどう思いますか。
（3）「のび太と同じだった藤子・F・不二夫先生が、ゆめをかなえることができたのはどうしてでしょう。」
・すきをつづけた。　・べんきょうして自分でやってみた。　・あきらめなかった。　・がんばった。

4　自分の経験を振り返る。
「自分のゆめを叶えるためにどんなことができるでしょう。」

5　学んだことを道徳ノートにまとめる。

シート①② **「ねらい」「ゆめ」**
各児童の夢のとらえ方を明らかにする。「夢＝将来なりたいもの」というとらえ方でもよいし、「夢＝なりたい自分の姿」でもよいということを伝え、児童が考えやすいようにする。

シート③ **「イラスト１」**
「藤子・F・不二夫先生」のイラストを貼り、イメージしやすいようにする。

シート④ **「イラスト２」**
藤子・F・不二夫先生の夢の途中経過のイラストを掲示し、どんなふうに努力したのか考えやすくする。グループで考えを交流する。

☆道徳ノートに自分の考えを書く。
☆道徳ノートに学んだことを書く。

考え、議論する道徳づくりのためのポイント

①　落差による共感・惹きつけ

導入時に、作者である藤子・F・不二夫先生とのび太の性格について、それぞれどのようなものか児童に想像させる。意見を十分に出させた後、題名「ぼくはのび太でした」を紹介する。児童の想像とは違う藤子先生の姿に児童は違和感を感じ、本時への興味、関心を抱く。

②　書かれていないことを自由に想像させる

藤子・F・不二雄先生の努力を支えたものは何かについては、教材から明確に読み取れない。答えは、それぞれの児童が大切にしたいと思っているものによって異なる。異なるからこそ多様な意見が出される。あえて自由度を高くして想像させることで、児童は多面的に考えるようになる。

③　自分の夢を描く

最後に、自分のゆめを叶えるためにどんなことができるでしょうと問うことで、児童は自分事として、努力することや強い意志をもって頑張ることの大切さを考えるようになる。

教材の扱い方

この教材には三つの効果がある。

一つ目は、児童にとってなじみ深いマンガを題材にしているということである。しかもそのマンガは、世界中の子供たちに親しまれている「ドラえもん」である。「ドラえもん」は児童にとっては夢の世界を実現してくれる主人公であり、自分の夢や夢を叶えるためにどんなことができるのかを、大きな関心をもって考えることができる。

二つ目は、それほどまでに親しまれている「ドラえもん」の作者、藤子・F・不二夫先生が、一見すると児童たちとは全く違う、遠い世界の人のように思われながら、実は幼少期は、のび太だったという意外性である。この意外性が児童の共感を呼ぶ。児童は藤子・F・不二夫先生に大いに親しみを感じ、夢をどのように実現させたかについて、関心を高めるだろう。

三つ目は、漫画家という一見華やかな職業の裏に、思い描いていた世界とは違う世界があるということが分かることである。藤子・F・不二夫先生が、「あきらめなかった」「アドバイスを聞きながら自分でやってみようとした」「好きを続けた」など、少しずつ努力を積み重ねて夢を実現していったことは。児童の生き方にも影響を与えるだろう。

以上の三つの良さを取り上げ、発問することによって価値に近づくようにしたい。

シートの意味・使い方・効果

イラストを黒板に貼って見せることにより、児童が藤子・F・不二夫先生の生き方や考え方を把握しやすいようになる。

また、藤子・F・不二夫先生の写真（イラスト）とのび太を矢印で大きくつなげることによって、子供の頃は「のび太」だった先生が、努力と強い意志によって今の藤子・F・不二夫先生になったことを、構造的に理解できるようにする。

表情イラストによって、今何をすればよいのかを、児童が理解しやすくしている。

評価のポイント

1　本時の中での評価のポイント

自分の夢は何となく将来実現できるのではないかと思っている児童が、藤子・F・不二夫先生のエピソードを知って、夢の実現のためには努力が大事だと分かったり、自信をもてなかった児童が、頑張れば夢を実現できるかもしれないと考えたりする、その変容を発言やワークシートへの記述から見取る。

2　集積する記録や記述

道徳ノートやワークシートを集積し、努力することや強い意志をもって行動することに係る成長の様子が認められるかについても着目したい。

Ⓐ 主として自分自身に関すること　5 希望と勇気、努力と強い意志

教材名 うさぎと　かめ

（『わたしたちの道徳　小学校１・２年』文部科学省）

ねらい 「がんばる」ということは、具体的に何にどのように取り組むのか考えることができる。
＊本教材については、巻末の93頁に転載。

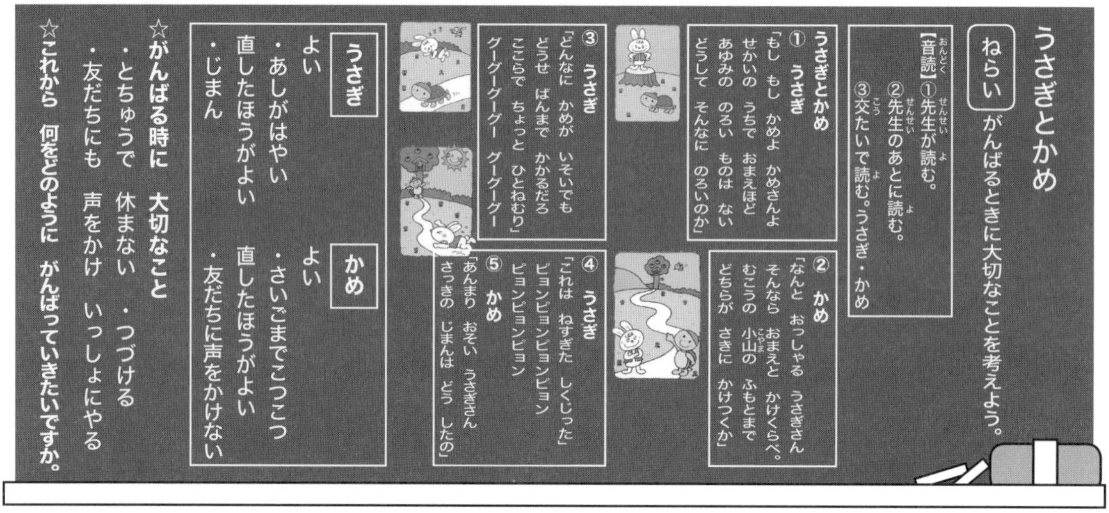

1　本時のねらいと「かんばる」の意味を確認する。
「がんばるときに大切なことを考えよう。」

2　教材の内容を理解する。
（１）教師が範読する。
（２）教師に続いて、児童が音読する。
（３）ペアで交代で音読する。

3　教材「うさぎとかめ」について話し合う。
（１）イラストとともに、物語の流れを確かめる。
（２）うさぎとかめの良いところ、直したほうがいいところを話し合いワークシートに書く。

・うさぎ	よい	足がはやい
	直したほうがよい	じまん
・か　め	よい	がんばった
	直したほうがよい	うさぎに声をかけない

（３）まとめたことを発表する。（教師が板書してまとめる）

4　がんばることについて考える。
「がんばる時に大切なことは何でしょうか。」

5　自分の経験を振り返る。
「これから何をどのようにがんばっていきたいですか。」

シート①「ねらい」
本時のねらいを確認する。

シート②③「音読」「本文」
教材に慣れ親しむため、楽しく音読する。段階的に音読することで教材に対する親しみが増す。

シート④「イラスト１～４」

シート⑤⑥「よいところシート」「ワークシート」
「うさぎ＝悪、かめ＝善」とならないように、うさぎ、かめ両者の良いところ、直したほうがよいところを、ペアで話し合い、ワークシートにまとめる。
☆ペアで話し合い、ワークシートにまとめる。話し合いにより多面的な視点でうさぎとかめを捉えることができるようにする。（慣れていればグループでもよい）
☆頑張る時に大切なことを全体発表で確かめた後、各自ワークシートにまとめる。

考え、議論する道徳づくりのためのポイント

①　「繰り返し」で慣れ親しみを

教材のもつ特徴として、音読した際の調子のよさがあげられる。そこで導入部分では、①範読→②連れ読み→③児童の交互読みを行い、リズムに乗って楽しく音読をさせる。これによって、教材に慣れ親しませ、学習意欲を喚起し、発言につなげる。

②　「いいところ見つけ」で多様な視点を

話し合いの際の視点を与えるための手立てとしてシートを用いながら話し合いをする。必ずしも「うさぎ＝悪」「かめ＝善」と短絡的に考えるのではなく、どちらにも「良いところ」も「直すべきところ」もあるという視点で臨みたい。この時期の児童は、自分を客観視し難いことから、自分に甘く他者の言動に厳しい傾向がみられるので、「良いところ」「直したほうがいいところ」について多面的な視点で捉えるようにさせる。

③　「振り返り」で自分に落とす

児童ひとりひとりの個性により、かめを応援するタイプ、うさぎを応援するタイプの児童に分かれるだろうと思われる。話し合いを通して様々な意見を聞き、視野が広がったところで自分自身の努力のあり方について考えさせる。

教材の扱い方

「うさぎと　かめ」有名な寓話である。児童の中には、幼少期の読み聞かせなどで何度も聞き、物語の展開を知っている児童も多数いることが予想される。いかに楽しく、みんなで考え、価値に迫り、児童に返すことができるかが、本教材における鍵となる。

教材を扱う際の留意点、は二つある。一つ目は、教材文のリズムの良さを生かし、みんなで「音読」することである。本教材は文が短い。繰り返し音読し、慣れ親しむことで、教材の登場人物と一体化させ、児童を教材に引き入れる。

二つ目は、一度一体化したものを、次にどう客観視して話し合いを行うかである。「うさぎとかめ」は、どちらかが優れていて、どちらかが劣っていると考えるべき教材ではない。しかし、一体化し過ぎると、そこのところが見えなくなる嫌いがある。

自分でやることをしっかりと遂行するためには、他者への思いやりが根底になくてはならず、それを見落とさないためにも、自分だけのものの見方に留まらず、他の人の見方考え方から学ぶ姿勢も大切だということにも気づかせたい。

シートの意味・使い方・効果

「イラスト」は、教材文と同じものである。物語りの流れを確認したり、うさぎとかめの表情を参考にしたりする際に役立てる。また、教材文は印刷して配付してあるが、「本文」を児童全員が声を合わせて一緒に音読する際に掲示する。やや文字が小さいが、これがあることで、児童の集中力も増す。

「よいところシート」は、ワークシートを拡大したものである。児童がワークシートに書き込んだ、うさぎとかめの長所、改善点を、板書上で取り上げる。ワークシートはペアで活用するが、グループで話し合うことも可能である。

評価のポイント

1　本時の中での評価のポイント

多様な視点で努力を捉えているか、他者に思いやりと感謝の気持ちを持ちながら、頑張る姿勢に気づいたり共感したりしているかを捉えて評価したい。

ワークシートへの記述内容や、話し合いの際の発言内容などで見取る。

2　集積する記録や記述

ワークシートをファイリングし、他の学習での記述内容に、頑張ることについての成長の跡が認められるかについても着目したい。

Ⓑ 主として人との関わりに関すること　6 親切、思いやり

教材名 ぐみの木と小鳥

（『みんなのどうとく２年』学研）

ねらい 相手の気持ちを考えて見過ごすのではなく、相手の身になって考え親切にしようとする。

あらすじ 友達のりすが姿を見せないことを心配していたぐみの木。そのことを聞いた小鳥は、りすのもとにぐみの実を届けにいく。すると、りすは病気で寝こんでいた。小鳥は翌日から毎日、りすのためにぐみの実を届けることにし、激しいあらしの日もぐみの実を届け続けた。

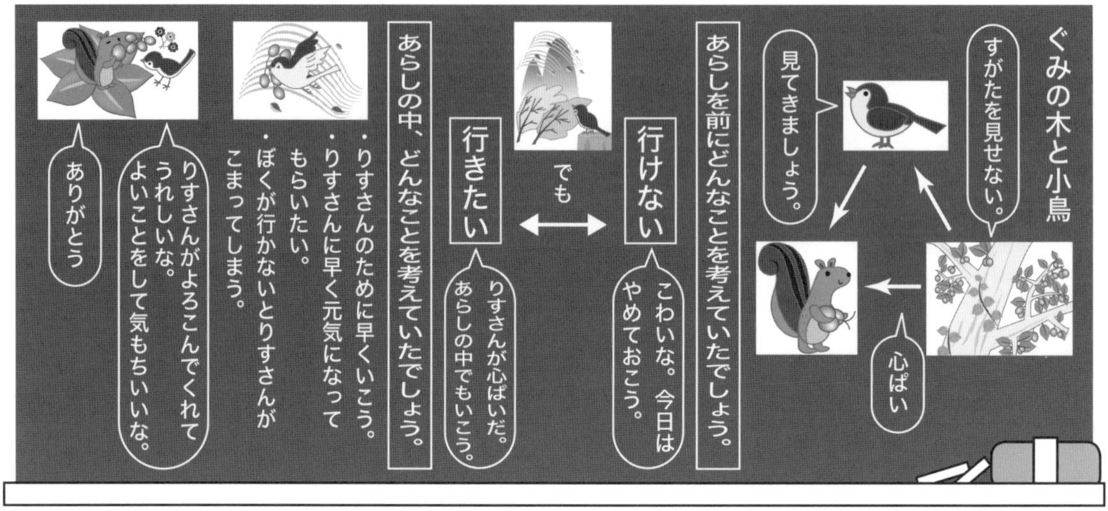

1　親切にされた経験を思い出し、発表する。

・困っている時に、友達が声をかけてくれた。

2　教材「ぐみの木と小鳥」の前半部分（小鳥がじっと考える場面まで）を聞き、小鳥の気持ちを中心に話し合う。

（１）「病気で寝ているりすを見て小鳥はどんな気持ちだったでしょう。」

・りすさん、かわいそうだな。

・早くぐみの実を食べて元気になってほしい。

（２）「小鳥は、嵐を前にどんなことを考えていたのでしょう。」

・嵐がこわいから、今日はやめておこうかな。

・嵐でも、りすさんは大変だから行かないと。

3　教材の後半部分を聞き、話し合う。

（３）「嵐の中を飛ぶ小鳥は、どんなことを考えていたでしょう。」

・行かないとりすさんが危ない。自分も頑張ろう。

・頑張れば、りすさんも元気になるかな。

（４）「りすさんに感謝されて、小鳥はどんな気持ちになったでしょう。」　・喜んでくれて、届けてよかった。

4　自分の生活を振り返る。

5　今日の授業を振り返って、感想をまとめる。

シート①「イラスト１～３」
小鳥とぐみの木、りすのイラストを貼り、三者の関係を把握させる。

シート②「イラスト４」
発問（２）の際にこのイラストを用いる。この時に、嵐の効果音を一緒に流す。

シート③「イラスト５」
後半部分を読み聞かせる時に、嵐の中を飛ぶ小鳥のイラストを見せる。嵐に耐えながらも必死に飛ぶ小鳥の表情に注目させる。

シート④「イラスト６」
発問（４）に用いる。りすの喜びが自分の喜びにつながることを感じさせたい。

シート⑤「発問文」
あらかじめ発問文シートを用意しておくことで、時間を短縮できる。

☆教材を読み聞かせるときは、再現構成法を用い、その都度登場人物の気持ちを問いながら進めていく。

☆発問（３）のみ、ワークシートに書かせる。

考え、議論する道徳づくりのためのポイント

①　再現構成法を用いた教材の提示

教材を読み聞かせる際、その都度話を切りながらその時の気持ちを考えさせていく。そうすることで、登場人物の置かれた状況や心情に迫れるようにする。場面絵や嵐の効果音を用いることで、臨場感をもたせ、「嵐の中行くのは大変」「行けない」という心情にも気づかせていくことができる。

②　発言を分類して板書する

小鳥が迷う場面では、児童の発言を類別して板書し、嵐に心が折れそうになっている気持ちと困っているりすのために行きたいという気持ちがあり、葛藤していることに気づかせる。

③　ペアで考えを伝え合う

発問（3）では、ワークシートに自分の考えを書かせる。その後、隣同士でお互いの考えを交流させる。全員が自分の考えを相手に伝える時間を確保することができ、全体での発表をしやすくすることにもつながり、発言が活発になる。

④　役割演技を行う

発問（4）では、小鳥とりすの役割演技を行う。はじめは教師がりすの役になり、役割演技の手本となる。何人かに役割演技をさせることで、親切にされた方だけでなく、親切にした方も温かい気持ちになることに気づかせていく。

教材の扱い方

りすを心配するぐみの木と、病気のりすのことを考えてぐみの実を届けようとする小鳥の姿から、困っている人を思いやる温かい心に触れることができる話である。嵐の中であっても、待っているりすの気持ちを推し量り、ぐみの実を届ける小鳥の姿から、困っている人がいたら、見過ごすのではなく、相手の気持ちを考えて思いやりを持って親切にすることの大切さに気づかせていくことができる。

この教材を扱うにあたって、特に次の三つのポイントに注意したい。

1　嵐を前にして、「りすさんを助けたい」という気持ちと、「嵐がこわくて行けない」という気持ちとで葛藤する小鳥の気持ちに気づくこと。

2　嵐の中でも、行こうと決意し、力をふりしぼって飛び続ける小鳥の気持ちに迫ること。

3　りすに喜んでもらった時、「役に立ててよかった」という小鳥の気持ちに共感すること。

教材の前半部分と後半部分を分けて提示することや再現構成法を用いて読み聞かせていくことによって、登場人物の心情に迫っていきたい。

シートの意味・使い方・効果

イラスト1、2、3は、小鳥・ぐみの木・りすの三者の関係を分かりやすく把握させるために用いる。矢印を使って、整理する。イラスト4は、嵐を目の前にして悩む小鳥の様子である。嵐を強調するために、「ゴォー、ゴォー」という効果音と共に提示すると、臨場感をもたせることができる。イラスト5は、嵐の中ぐみの実を必死に届ける小鳥の様子である。同じイラストをワークシートにも用いることで、小鳥の気持ちに迫らせていく。イラスト6は、ぐみの実を無事に届け、りすに感謝されている様子である。小鳥の表情が笑顔になっていることにも注目させたい。

評価のポイント

1　本時の中での評価のポイント

発問（3）では、温かい気持ちでりすを思い、親切な行動をする小鳥の気持ちに迫れているかどうか、発問（4）では、りすさんに感謝された小鳥の気持ちを考えることができたか、ワークシートへの記述や発言内容から見取っていきたい。

2　振り返りシートの活用

ワークシートの裏面に、毎時間同じ「振り返りシート」を印刷し、関連する項目についてこれまでの自分を4段階で自己評価し、学んだことやこれから生かしていきたいことを記述し、ファイリングする。

Ⓑ 主として人との関わりに関すること　6 親切、思いやり

教材名 はしの上のおおかみ

（『わたしたちの道徳　小学校１・２年』文部科学省）

ねらい 悪いことをするよりも親切なことをした方がずっと気持ちがよいことに気づくことができる。

＊本教材については、文部科学省のHPよりダウンロード可。

1　二つのおおかみの絵を見比べて、感想を発表する。

・前のおおかみはこわいけど、後のおおかみは優しい目をしている。

2　教材「はしの上のおおかみ」の前半部分（くまと別れる場面まで）を聞き、おおかみの気持ちを中心に話し合う。

（1）「『もどれ、もどれ。』と、うさぎたちを追い返したおおかみは、どんな気持ちだったでしょう。」

・意地悪は楽しいな。　・おれは強いんだ。

（2）「くまに抱き上げられたおおかみはどんな気持ちだったでしょう。」

・びっくりしたけど、嬉しいな。・優しいくまさんだな。

（3）「くまの後ろ姿をいつまでも見ているとき、おおかみはどんなことを考えていたでしょう。」

・優しくされると嬉しいな。・ぼくは意地悪だったな。

3　教材の後半部分を聞き、話し合う。

（4）「うさぎを抱きかかえて渡したとき、おおかみはどんな気持ちだったでしょう。」

・優しくする方が、ずっと気持ちがいいな。

（5）「おおかみはどうして変身したのでしょう。」

・優しいくまさんのようになりたいと思ったから。

4　自分の生活を振り返り、まとめの感想を書く。

シート① **「イラスト１、２」**

二つの顔の表情の変化に気づかせ、本時の学習への興味をもたせる。

シート② **「イラスト３」**

発問（1）の際に用いる。おおかみの表情にも注目させたい。

シート③ **「イラスト４」**

発問（3）の際に用いる。ワークシートにも同じイラストを用い、くまの後ろ姿をいつまでも見ているおおかみの心情に迫りたい。

シート④ **「キーワード文」**

発問を投げかけながら、黒板に提示していく。キーワードのみを提示することで、文字情報を極力減らし、分かりやすくする。

シート⑤ **「イラスト５」**

発問（4）（5）の際に用いる。優しい目をしているおおかみの表情に注目させたい。

☆時間確保のため、発問（3）のみ、ワークシートに記入させる。その他の発問は、教師と児童とのやり取りでテンポよく進める。

考え、議論する道徳づくりのためのポイント

①　導入の工夫で興味を持たせる

前半と後半の場面絵を提示し、おおかみの表情の変化に気づかせることで、本時の学習への問題意識をもたせる。「おおかみさんが変身したわけを考えましょう。」と投げかけ、その後教材の読み聞かせに入っていく。問題意識をもたせることにより、教材への興味・関心が高まり、その後の話し合いも活発になっていく。

②　役割演技を取り入れる

発問（２）を考える際に、くまとおおかみの役割演技を行う。同じ高さのイスを何脚かつなげて橋に見立てて行うことで、二人だと通れないことが分かる。その際、同僚の先生等にくま役を演じてもらい、教師は進行に徹する。おおかみ役の児童にどんな気持ちになったかを聞くことで、より実感の伴った気持ちに迫ることができる。また、役割演技を行った児童だけでなく、それを見ていた観衆の児童にも、おおかみはどんな気持ちになったのか発言させることで、多様な意見を引き出していく。

③　ペアで考えを伝え合う

発問（３）では、まずワークシートに自分の考えを書かせる。その後、隣同士でお互いの書いた内容を紹介し合う時間を設ける。そうすることで、どの児童も自分の考えを相手に伝えることができ、その後の全体での発言もしやすくなる。

教材の扱い方

自分より小さな動物に対して意地悪をして楽しんでいたおおかみが、思いがけず自分より大きなくまに優しくされて心が動き、自らも優しくなるという教材である。自分より弱い立場の相手に対し、思いやりの心を持って行動することの大切さが分かりやすく表されている。

おおかみの心の動きを考えることで、ねらいに迫ることができると考える。いばっていたおおかみがくまの優しさに触れて、自分の中で変わる場面を大切に扱いたい。

そのため、教材提示は前半場面（おおかみがくまと別れる場面まで）と後半場面（おおかみがうさぎに親切にする場面）に分けて提示し、おおかみの心の動きを共感的にとらえられるようにする。

また、「いつまでも」という言葉をキーワードとし、くまの後ろ姿を見ているおおかみの心情をしっかり考えさせたい。「尊敬」や「感心」だけではなく、今までの自分本位な態度を恥じる気持ちや心を改めようとする気持ちがあることまで引き出し、ねらいとする価値に迫っていきたい。

シートの意味・使い方・効果

イラスト１は前半場面の意地悪をするおおかみの顔、イラスト２は後半場面の親切になったおおかみの顔である。まず、この二つの顔の表情の変化に気づかせることで、本時の学習への興味をもたせる。イラスト３は、意地悪をするおおかみ、イラスト４はくまの後ろ姿を見ているおおかみ、イラスト５は親切をしているおおかみの場面絵である。それぞれ、読み聞かせの時と発問の際に提示し、内容を把握しやすくする。

発問シートは、それぞれキーワードとなる言葉のみの表示にしてある。この方が、低学年の児童にとって分かりやすい。

評価のポイント

１　本時の中での評価のポイント

発問（３）では、くまに親切にされたおおかみの心の動きを多面的・多角的に考えることができたか、ワークシートへの記述や発言内容から見取っていきたい。また、振り返りの感想から、親切にすることが自分も相手も嬉しい気持ちになることに気づき、親切にしようという気持ちをもつことができたか見取っていく。

２　集積する記録や記述

道徳ワークシートを集積し、関連する項目についての学習で、道徳性に関わる成長の様子が認められるかについても着目していきたい。

教材名 かさ屋とぞうり屋の話

（『ベッドタイムストリーズ１』福音社）

ねらい どんなことにも感謝しよう

＊本教材については、巻末の94〜96頁に転載。

1　本時のねらいを把握する。

「今日は感謝するということについて考えてみましょう。」

2　感謝とは何かを考える。

「かんしゃの反対の言葉は、何でしょう？」

3　教材を読んで考える。

ワークシートの上の部分を配付する。

ひろ子さんとお母さん役を決めて寸劇をする。

「ひろ子さんのことをどう思いますか。」

4 「幸福になるために」はどんな本だと思うか考える。

・幸福になるための方法が書いてある。

・ひろこさんと同じような子のことが書いてある。

5　ワークシート１の下の部分を渡す。

「お母さんが、悲しんでいるのはどうしてでしょうか？」

「お母さんが急に明るくなったのはどうしてでしょう？」

6 「　」の中に言葉を入れて、発表する。

「『　　　　　』の中には、どんな言葉が入るかな？」

考えた言葉を「」に入れた後に発表する。

7　この本にぴったり合う言葉を考える。

「この本にぴったり合う言葉を考えて発表しよう。」

シート①「ワークシート拡大印刷」

ワークシートをA3判に拡大印刷し、上段と中段の間で切り離しておく。先に上段を渡し、みんなで考えた後に、残り部分を渡す。

シート②「イラスト１〜３」

かさ屋・ぞうり屋・母親のイラスト。

現代は、スーパーマーケットが多くなり、「八百屋」とか「肉屋」とかというものも少なくなった。昔は、「かさ屋」とか「ぞうり屋」という、決まった商品だけを扱っている店が多かったことを説明する。

シート③「『　』に入る言葉」

「　　　」に入る言葉『あんたの考えは反対だ。こう考えればいいんだよ。……となＩは、授業の最後に貼る。

「何事にも感謝すると、自分も明るくなるし、周りが明るくなることもある。」ということがわかるように進める。

考え、議論する道徳づくりのためのポイント

①　児童から出た意見を大切にする

「感謝」とは、辞書によると、「ありがたいと思う（思って礼を言う）こと。」とある。（新明解国語辞典　三省堂）反対の言葉は、「怨嗟」（えんさ）となっているが、難しい言葉なので、児童から出る言葉、（例では「いやだなあと思うこと」「もんく」「もっとほしい」）を大切にして進める。

②　感情を込める

シナリオ１・２の「ひ」の部分は、嫌な気持ちが出るように、「母」の部分は困っているようにややオーバーに読む。そうすることによって、わがままな意見のために、周りも嫌な気持ちになっていることがわかるようにする。

児童の中には、状況がよく理解できない子もいると思われるが、感情を込めてオーバーに読むことによって状況が児童に分かりやすくなる。その結果、思いつくことも増える。

③　役割演技

シナリオ１・２を児童に演じさせることで、ひろ子や母親の気持ちを理解しやすくなる。役割演技を見ている児童も、友達が演じることで関心が高まり、より真剣に内容を理解しようとする。関心が高まれば積極的に意見を述べようとする意欲も高まる。

教材の扱い方

日常生活のちょっとしたことに対して、つい不満の言葉が出てしまうのは仕方がないことである。しかしそのことが、自分だけでなく周りの人たちも暗い気持ちにしてしまうことがある。また、何より自分自身もよい気分になることができない。

そこで、何か不満を口にしたくなってしまったときに、発想を転換することで不満を解消する姿勢を身に付けさせたい。

この教材は、いつも不満を口にするひろ子さんに、お母さんがある本をプレゼントするという内容である。その本には、ひろ子さんと同じように毎日嘆いている母親が登場するが、近所の人のアドバイスで母親は劇的に明るくなる。それは、発想を転換することに成功したからである。

この教材には二つのポイントがある。

ひとつは、ひろ子という児童と同じくらいの年齢の子が出てきて、児童から見ても明らかにわがままな意見を言っていることだ。ひろ子の姿を客観視させることで、自分はどうなのだろうかと自分を振り返って考えさせたい。

もうひとつは「かさ屋」と「ぞうり屋」にお嫁に出した母親の「悲しい」→「嬉しい」の気持ちの変化に気づき、自分もそうなれるのではないかと思えることだ。これからの自分について考えるきっかけとしたい。

シートの意味・使い方・効果

ワークシートには、『ベッドタイムストーリーズ１』（福音社）「かさ屋とぞうり屋の話」144～146頁の部分がある。低学年児童には、このまま印刷すると字が小さいので、拡大コピーをして使用する。

注目させたい言葉は「（空欄）」にして、児童に自由に考えさせたい。一人一人に考えさせた上で、どんなことを書いたか発表させる。そして最後に、物語りの中のせりふを掲示する。

評価のポイント

1　本時中での評価のポイント

感謝について自分なりの考えをしていたかについて、発表や想像した言葉などから見取る。

2　集積する記録や記述

「幸福になるために」でどんな意見を出したかを記録する。

「なあんだ、おかみさん、　　　　　　　　となな。」で記載した部分をファイリングしておく。

教材名 お世話になっている人にかんしゃして

（『わたしたちの道徳　小学校１・２年』文部科学省）

ねらい 家族など日頃世話になっている人々に感謝しよう。
＊本教材については、巻末の97頁に転載。

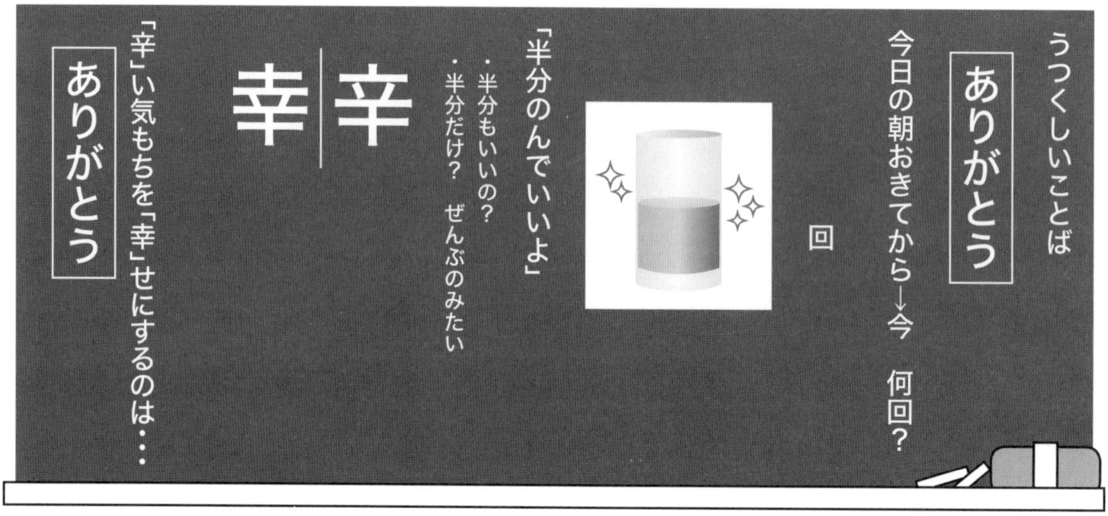

1　本時のねらいを把握する。
いろいろな人にお世話になっていることに気づき、その人達に、「ありがとう」と、言おう。

2　「ありがとう」と、言っているか振り返らせる。
「『ありがとう』は、美しい日本語のアンケートをすると、いつも上位に選ばれる言葉です。」
「今日、朝起きてから、今まで何回『ありがとう』といいましたか？」

3　「ありがとう」を探してみよう。
「82、83頁の中に、たくさんの『ありがとう』がありますね。探してみましょう。」

4　水を半分もらう。
「運動の後、のどが渇きました。近くの友人が『このコップの水、半分飲んでいいよ。』と言っています。どう思いますか？」

5　「辛い」と「幸い」の差
「まだ習っていない漢字ですが、読める人？」
「二つの漢字はたった１本しか違いがありません。辛いことを幸せに変えるには何が必要でしょうか？

6　ワークシートに記入する。

シート①　「ありがとう」
「ありがとう」は「日本語の美しい言葉」についてアンケートを取ると、いつも上位にランキングされる言葉である。たくさん印刷していろいろな場面で使ってもよい。

シート②　「イラスト　コップ」
コップに水が入っている。
まずは、「どれくらい飲みたいか」尋ねてみる。
次に「半分飲んでもいいよ」と言われたときの気持ちを考えてみる。

シート③　「辛」
「辛」は、４年で学習する漢字である。「つらい」や「からい」と読める子もいる。大いにほめたい。ここでは、「つらい」を使う。

シート④　「幸」
「幸」は、３年で学習する漢字。
辛いとよく似ている（横画が１本多いだけ）であることに気づかせたい。

考え、議論する道徳づくりのためのポイント

① アンケートデータの活用

「日本語の美しい言葉」についてのアンケートで選ばれたのは「ありがとう」、「さようなら」、「はい」、「すみません」、「おはようございます」、「さわやか」、「いらっしゃいませ」、「おやすみなさい」等だった。

その中でも、1位に選ばれることが多いのが「ありがとう」であることを知ることは、児童にとって発見であり驚きである。心が動けば発言もはずむ。

② 日常生活を振り返る

当たり前になっているので、「ありがとう」を伝えることを忘れている児童も多い。

・朝、起こしてくれてありがとう。
・ご飯を作ってくれてありがとう。
・今日も一緒に登校してくれてありがとう。
・事故が起きないように見ていてくれてありがとう。

児童は友達の意見を聞いて、他にも「ありがとう」を言っていたことに気づくだろう。反対に、自分が「ありがとう」をあまり言っていないことにも気づくだろう。いろいろな気づきが発言に結びつく

③ 自分事として考える

できるようになったのは誰のおかげかを考えてみようと投げ掛け、自分事として考えさせる。

・お父さん、お母さんが育ててくれたから。
・先生や上級生にいろいろ教えてもらったから。
・友達に助けられたから。
・農家の人が野菜を作ってくれるから。

たくさんの人と自分が関わっていることを知ることができる。

教材の扱い方

「ありがとう」といわれると嬉しい。でも、意外に自分では言っていない場合がある。「ありがとう」が増えたら、もっと家や学校が楽しくなるのではないか。

教材の左すみに植物の芽生えと成長が描かれている。生活科で植物を育てた時に、毎日水やりをしたことを思い出し、自分もいろいろな人に育ててもらっていることを考えさせる。

単に身長や体重が増えただけでなく、看病してもらったこと、勉強を教えてもらったこと、食べさせてもらっていることなど、様々な意見を出させたい。

さらに「コップの水を半分飲んでいいよ」と言われたらどう思うかを尋ねれば、児童の意見は

・半分もいいの？
・半分？　全部飲みたい。

に分かれる。自分のではないのだから、「半分も」と考える方が妥当ではないかと、児童の考えを揺さぶってみるのもよい。

ワークシートは、入学式から今までにできることがどれくらい増えたかを思い出し、それにかかわってくれた人のことを思い出す作業である。

シートの意味・使い方・効果

入学式の写真と現在の写真を用意する。私の勤務している小学校は小さな小学校で、1年生が5人だったので、全体写真を使用した（付録のCDに収録しているワークシート参照）。個人か小グループの写真を使うと有効である。大きくなった自分の写真と比べることにより、より一層の興味をもって活動を行うことができる。

「辛」いという漢字を見せる。でも、それは、「幸」せの1歩（本）手前であるということを掲示し、この線は、どうすれば生まれるのかを考える。

評価のポイント

1　本時中での評価のポイント

自分の経験から具体的に思い出すことができたか。周りの人に対して感謝の気持ちがもてたか、などを見取るようにする。

2　集積する記録や記述

いろいろな人から受けた恵みを思い出すことができ、特定の人だけでなく、多くの人にカードを書くことができたか。

Ⓑ 主として人との関わりに関すること　8 礼儀

教材名「あいさつ」って　いいな

（『みんな　たのしく　どうとく２』東京書籍）

ねらい あいさつの良さに気づき、日常生活でより良いあいさつをしようとする。

あらすじ 元気よくあいさつをするあき子さん。周りのみんなはとてもいい顔に。ある日、仲良しのかずみさんと口げんかをしてしまったが、かずみさんが「ごめんね」と言うと、あき子さんも「ごめんなさい」と言い、すぐに仲直りができた。「あいさつは小さな親切」と教えてもらったあき子さんは、本当にそうだなと思った。

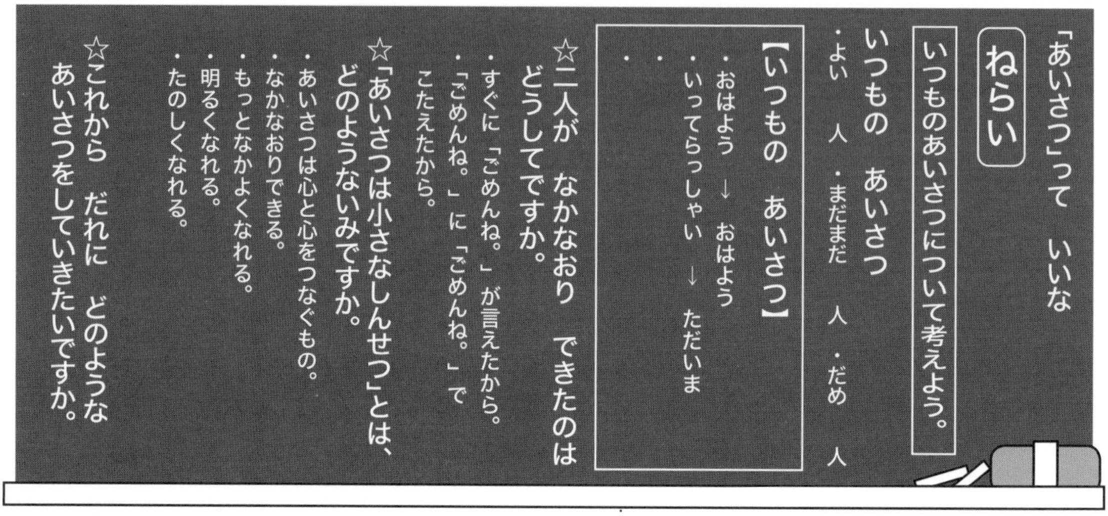

1　本時のねらいを確認する。

「今日は、みんながいつもしているあいさつについて、よく考えてみましょう。」

2　自分のあいさつについて振り返る。

（１）「普段している自分のあいさつは、いいあいさつですか、まだまだのあいさつですか、だめなあいさつですか。」

（２）「普段のあいさつにはどんなあいさつがありますか。」

（３）発表したあいさつを教師、児童で繰り返し声に出す。

3　教材「あいさつっていいな」を読んで話し合う。

（１）教師が範読後、児童が各自音読。

（２）「二人が『なかなおり』できたのはどうしてですか。」

・すぐに「ごめんね。」が言えたから

・「ごめんね。」に「ごめんね。」で応えたから。

（３）「『あいさつは小さなしんせつ』とはどのような意味でしょうか。話し合って、まとめましょう。」

4　これからの自分について考える。

「これから、みなさんは、だれにどのようなあいさつをしていきたいですか。」

5　授業のふり返りを行う。

「今日の勉強でためになったことをまとめましょう。」

シート① **「ねらい」**

本時のねらいを確認する際に貼る。

シート②③ **「自己評価」**
「あいさつシート」

どのようなあいさつがあるのか、視覚化させることで身近に溢れる「あいさつ」を意識化させる。

例示した後、発表させる。

また、児童、教師で繰り返し声に出すことで、自分も相手もすがすがしい気持ちになることを実感させる。

シート④ **ワークシート**

ワークシートに書かせることで、自分の考えを明確にすることができる。

☆ペア、または、グループで相談した後、発表させる。

☆最初のあいさつについての自己評価を振り返らせ、よいところをさらに伸ばしていくような視点で考えさせる。

考え、議論する道徳づくりのためのポイント

① 実態把握と共通理解

「あいさつ」について話し合うためには、あいさつを知ることが必要になる。どのようなあいさつをどのようにしているのかは、個人や学級の実態によって異なる。したがって、最初の段階で児童がどの程度あいさつを知り、それが日常化しているかを確認する。それによって児童は、「おはようございます。」「こんにちは。」だけがあいさつではなく、その他にも様々なあいさつがあることに気づく。新しい知識や気づきによって児童の思考も刺激される。

② 実感させる

普段行っているあいさつを共有し、実際に声に出してみる。お互いにあいさつの言葉を掛け合ってみる。そのような活動を行うことにより、あいさつがコミュニケーションの手段であることを実感させる。

実感することで、児童の気づきも増え、発言も活発になる。

③ 自分を振り返り比較する

これから誰にどのようなあいさつをしたいかを考えさせる際に、今の自分を振り返らせ、できているところとできていないところを明確にする。

児童は自然と、できていないところをできるようにしたいと考えるだろう。ここで、できているところをもっとできるようにすることも大事なことだよとアドバイスする。そのことによって、多面的な視点で考えられるようになる。

教材の扱い方

この教材には「あいさつ指導」における原点的要素が含まれている。1．あいさつの心地よさ（家族や学校でのあいさつを通しての快）2．あいさつの効能（けんか後の仲直りのきっかけ）3．あいさつすることを阻害する要因（恥ずかしいという気持ちに負ける）である。あいさつの良さを知りつつも、あいさつがなかなかできない気持ちにも寄り添う教材となっている。

自分の弱さに負けず、自分のために、相手のために、将来的には社会のためにあいさつができる人材をどう育てたらよいか。そのためには、①あいさつのよさ、リズム、掛け合いの心地よさを感じさせること、②あいさつは何のためにやっているのかを他者意識を踏まえながら、話し合いにより突き詰めて考えさせること、が必要である。

①については、児童の知っているあいさつを教師主導で実際に行ってみることで、あいさつのもつ快の部分を感じさせることができる。なかなかあいさつの例が出てこない場合は、文中に出てくるあいさつを取り上げ声に出すことで、実感させる。②については、母の「あいさつは小さなしんせつよ。」あき子の「はずかしい」「どうしようかとまよう」という言葉が鍵となる。その本質を話し合いで明らかにしていく。

シートの意味・使い方・効果

自己評価シートは授業中に挙手により把握した人数を板書上でまとめる。これを掲示しておくことで、いつでも学級の実態に帰ることができる。

あいさつシートは、普段使っているあいさつを板書上でまとめるためのものである。あいさつには応答するものがある。「いってらっしゃい←→いってきます」「おはよう←→おはよう」などである。応答するあいさつを中心にまとめることで、あいさつのコミュニケーション面を強調したい。

評価のポイント

1 本時の中での評価のポイント

①あいさつリレーを真剣に行っているか。

②親切の意味を知り、あいさつにおける親切を友達と協力しながら考えているか。

③これからどのようなあいさつをしていきたいか真剣に考え、書いているか。

2 集積する記録や記述

授業で感じたこと、考えたことをファイルし、道徳性に関わる成長を見取る。

Ⓑ 主として人との関わりに関すること　8 礼儀

教材名 たびに出て

（『わたしたちの道徳　小学校１・２年』文部科学省）

ねらい 気持ちよいあいさつを心がけ、身近な人の心に伝わるあいさつをしようとする。
＊本教材については、巻末の98頁に転載。

たびに出て

ねらい　あいさつで大切なことを考えよう。

あいさつを　している　□人
　　　　　　していない　□人

あいさつする時　気をつけていること
・大きな声で　・目を見て
・
・

☆「いちいち あいさつを するなんて めんどうだ。」
・めんどうくさい　・あいさつはきらい
・わすれてしまう　・しないとしかられる

☆話しかけても答えてもらえないけいた。
・あいさつはめんどうだと思っていたけど、まちがっていた。
・あいさつは大じなもの。
・あいさつがないとさみしい。

【話し合い】ア「けいた」やく　イ「あいて」やく
① ア「おはよう。」　イ 小さな声でへんじ
② ア「おはよう！」　イ「おはよう！」

☆これからの自分のあいさつ。
・心がつたわるようにあいさつする。
・やさしい気もちであいさつ
・明るくあいさつする。
・あい手を思う気もちが大切。

1　本時のねらいを確認する。
「あいさつで大切なことを考えよう。」

2　日常のあいさつについて振り返る。
（１）普段のあいさつについて振り返る。
（２）あいさつする時に気をつけていることを発表する。

3　教材「たびに出て」を読んで話し合う。
（１）教師が判読し、その後児童が各自音読する。
（２）けいたはなぜ「いちいち あいさつを するなんて めんどうだ。」と思ったと思いますか。
（３）話しかけても答えてもらえなかったけいたは、どんなことを考えていたでしょう。
・あいさつをめんどうと思っていたけどちがった。
・あいさつがないとさみしい。
・あいさつは大じなものだ。
（４）ペアでロールプレイングを行い、話し合う。
①思い切ってあいさつをしたけいたの気持ち。
②もっと元気な声を出してあいさつしたけいたの気もち。

4　これからの自分のあいさつをどのようにしていきたいか、まとめる。

シート①「ねらい」
本時のねらいを確認する際に貼る。

シート②「現状把握」
日常の生活であいさつを「している」「していない」を把握する。
さらに、あいさつする際、意識していることも発表させ、よいあいさつやよいあいさつをするための心構えなどを共有する。

シート③「ワークシート」
（３）の発問の際に、自分の考えを書かせる。また、（４）でロールプレイングをした際には、それぞれの役を演じて感じたことや思ったことを書かせる。

シート④「話し合い」
ペアになってロールプレイングをする際に掲示し、活動を明確にする。

☆これからのあいさつで気をつけていきたいことをまとめる。

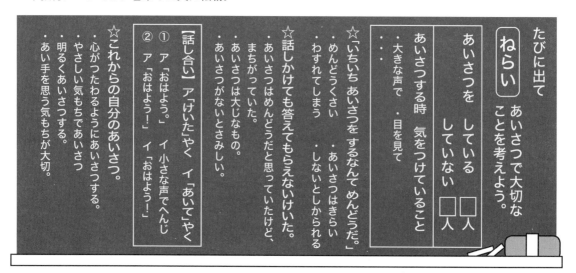

考え、議論する道徳づくりのためのポイント

①　導入で日常を振り返る

２（１）は、普段あいさつをしているかどうかを簡単に振り返る場である。二択の発問により、長い時間をかけずに振り返る。自分の意識を「あいさつ」に向けることが目的なので、あいさつを「している」「していない」のみの簡単なものである。結果が仮に教師が日常見ている実態と異なっても問題は無い。これからの授業展開のきっかけとするからである。ここで、自分自身を振り返ると同時に、アイスブレイクの役割ももたせ、発言への抵抗を減らす。

②　多様な見方の共有

２（２）では、友達が何を意識してあいさつをしているかを知ることになる。他者があいさつをする際の留意点に気づかせ、あいさつで大切なことは何かを意識させる。自分の考えとは異なる多様な見方・考え方を知ることで、新たな気づきや考えが思い浮かぶ児童もいるだろう。

③　ロールプレイング

３（４）は、あいさつをする側、される側になってロールプレイングを行い、それぞれどのような気持ちになるかを体験する場である。ここでは特に、相手側の立場になることを重要視し、それを価値に近づく手段とする。児童の日常を見ていると、あいさつに気づかなかったり、返さなかったり、返しても相手に届かない声であったりということがある。意図的に相手の立場になることで、あいさつの大切さを感じ取らせる。感じ方は児童によって様々で、多様な意見につながるだろう。

教材の扱い方

児童の大半はあいさつの大切さは知っている。そして、あいさつの必要性を日常の学校生活や家庭生活で十分説かれている。しかし、相手の気持ちに迫り、気持ちに寄り添うあいさつはなかなかできない。恥ずかしかったり、面倒くさく思ったりするからだが、もっと根本的な原因は、「あいさつについてよく知らない」のである。

低学年の児童は、自分を客観視したり相手の立場に立って考えることはやや難しい。そこで、「ロールプレイング」を行うことで相手の立場になることが、この授業展開の重要な部分となる。

したがって、ロールプレイングに至るまでの教材の扱い方は価値への方向付けをしながら、ポイントのみを確認する簡易なものとする。

ポイントは、けいたが「いちいちあいさつをするなんてめんどうだ。」と言うところと、あいさつの大切さに気づき、自分からあいさつをし続けたけいたが、かつてあいさつを面倒と思ったり、あいさつはいらないと思っていた他者を変えていくところにある。

その二つのポイントにおける発問と活動を大切にしながら、教材を扱っていく。

シートの意味・使い方・効果

「シート②現状把握」は、児童自身のあいさつに対する向き合い方を視覚化させるために用いる。また、学級全体の実態を把握することで学級全体のあいさつの意識も確認できる。

「シート④話し合い」は、役割を明確にして、ロールプレイングを行う際の確認のために用いる。ロールプレイングであいさつを交わした後で、互いの気持ちを話し合う。

評価のポイント

１　本時の中での評価のポイント

ロールプレイング後の話し合いによる気持ちの表現と、これからの自分のあいさつのあり方についての記述によって見取る。

２　集積する記録や記述

ワークシートを集積し、「親切、思いやり」「友情」「よりよい学校生活」の学習での考えと比較して、道徳性の変容を見取る。

教材名　ないた　あかおに

（浜田廣介『ないた　あかおに』偕成社）

ねらい 友達について考え、友達と仲良くし、ともに助け合っていこうとする心情を育てる。

あらすじ 人間と友達になりたい赤鬼は、家の前に「心の優しいおにの家。誰でもおいで」と立て札を立てたが、その言葉を信じる人間は誰もいない。そこで友達の青鬼が「人間のもとに暴れに行くからぼくを退治してくれ」と提案。その後、赤鬼は人間と友達になることに成功するが、青鬼は赤鬼のもとを去る。

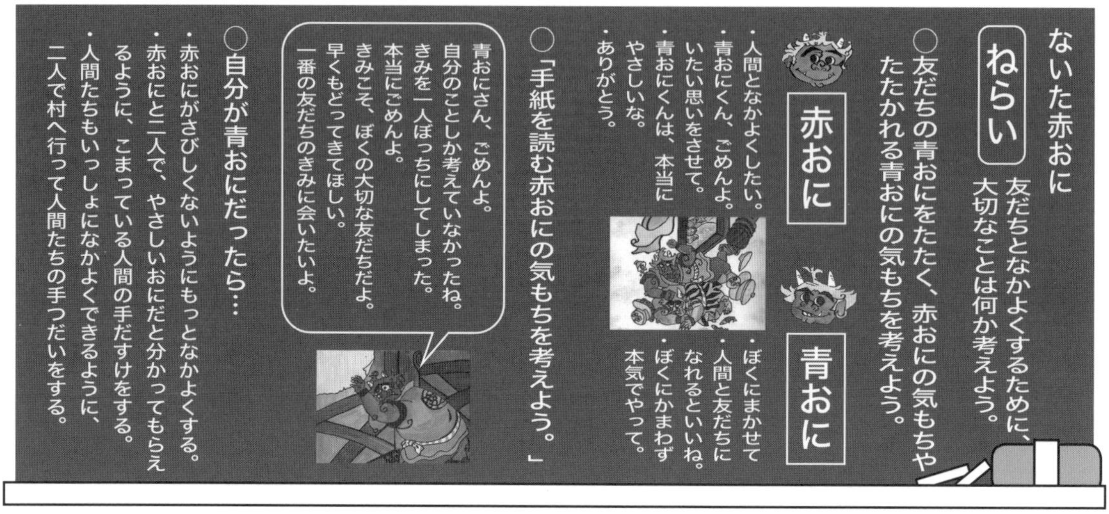

1　本時のねらいを確認する。

「友達となかよくするために大切なことは何か考えよう」

2　教材の内容を理解する。

（1）教師が範読後、児童が各自音読する。

（2）登場人物を押さえながら、あらすじを確認する。

3　教材「ないた赤おに」を読んで話し合う。

（1）「友達の青鬼をたたく、赤鬼の気持ちやたたかれる青鬼の気持ちを考えよう。」（役割演技）

(赤) 人間となかよくしたい。　(青) ぼくにまかせて。

(赤) いたい思いをさせてごめん。　(青) 人間と友達になれるといいね。

(赤) 優しいね。ありがとう。　(青) ぼくのことは気にしないで。

（2）「泣きながら青鬼の手紙を読む赤鬼は、どんな気持ちだったのでしょう。ワークシートに書きましょう。」

（3）「青鬼の思いつきは、よかったのでしょうか。自分が青鬼だったら、みんなが仲よくなるためにどんなことが考えられますか。」

4　友達と仲良くするために何が大切か。学んだこと、心にひびいたことをワークシートに書く。

5　教師の「友達はいいな」と思った説話を聞く。

シート①「ねらい」

本時のねらいを確認する際に貼る。

シート②「赤おに」「青おに」

両者の思いを対比させて板書する

シート③「イラスト１」
「イラスト２」

役割演技の前に「イラスト１」を、赤鬼の気持ちを考える前に「イラスト２」を張り、場面の確認をする。

☆役割演技による体験的学びを通して、問題場面の両者の思いを実感的に考えさせる。役になりきって演じることができるように赤鬼と青鬼のお面を準備する。

☆考えをワークシートに書く作業は、自分の考えに向き合う時間である。考えを書き残すようにさせる

☆「自分だったら…」と問題解決的問いを投げかけると同時に、出てきた考えの中で「これはいい」と思うものを選んだり、その理由を発表し合ったりして学習を深める。

考え、議論する道徳づくりのためのポイント

①　役割演技で実感させ、気持ちを考えさせる

登場人物のお面を用意して、役割演技を行う。演技の中で実感がわき起こり、発せられた気持ちを拾い上げ板書する。フロアで見ていた児童の「赤鬼は（青鬼は）こう思っていたんじゃないのかな。」という意見を自由に言わせて、板書していく。

②　書いて発表する

自分の考えは、書くことでまとまり、深まっていくものである。簡単でも考えを書く習慣をつけていくことが大切である。何を書くのか、分かりやすいワークシートを作成する。

③　「自分ならどうするか」を問う

授業展開３の（２）で、赤鬼の気もちを十分に深めさせた上で、「青鬼の思いつきは、よかったのか。自分が青鬼だったら、どうするか」と問う。それを「仲良く助け合う」という友達関係を築くにはどうしたらいいかという本時の課題解決へとつなげる。

④　教師のコーディネート

３の（２）では、ワークシートや道徳ノートの記述を見て、取り上げるべき意見をもっている子を意図的に指名する。発言の焦点をしぼって明確化することで、他の子の発言を促す。

教材の扱い方

この教材の構成は、

①「鬼は乱暴なもの」と決めつけて、受け入れてくれようとはしない人間と何とかして仲良くなりたいと願う赤鬼。

②赤鬼の願いを何とかして叶えてあげようと考えた青鬼の作戦を実行する赤鬼と青鬼。

③青鬼の考えにより、人間と友達になれた赤鬼。

④友達の青鬼を失って初めてその大切さに気づいた赤鬼。

と、起承転結で捉えやすい教材である。

②と③の場面を役割演技による体験的な学習を通して、自分の願いを叶えたい一心の赤鬼と、何とかして友達の願いを叶えてあげたいと願う青鬼の気持ちを対比的に捉えさせる。④の場面では、泣きながら手紙を読み、かけがえのない友が目の前にいたことに気づいた赤鬼の姿を通して、友達と仲良く助け合うには、お互いに相手を思いやる気持ちが大切であることを気づかせていきたい。さらに、青鬼を失ったあとの赤鬼の悲しさを捉えさせ、「二人にとってもっとよい方法はなかったのだろうか」「自分が青おにだったら赤おにのために、どんなことを考えるか」と問いかけ、友達関係について考えを深めさせたい。

シートの意味・使い方・効果

場面絵は、教材を範読する際に活用する。起承転結の４枚を、紙芝居風に読み聞かせる。板書には、承と結の場面を提示し、赤鬼と青鬼の思いを対比的に捉えられるよう、言葉の色を変えて板書するなどの工夫をする。

３の（１）の役割演技の際には、赤鬼・青鬼の顔のイラストを用いてお面を作成しておき、役になりきって演技できるようにする。３の（２）の発表の際に、泣いている赤鬼のイラストをお面として活用することで、赤鬼の気持ちをより実感をこめて考え、発表することができる。

評価のポイント

1　本時の中での評価のポイント

役割演技の中で、赤鬼の気持ちや青鬼の気持ちをどのように捉えて演技しているか、また友達の役割演技を見ながら、問題場面の二人の行動をどう捉えているか、発言内容によって見取る。

2　集積する記録や記述

ワークシートをファイリングしておき、「親切、思いやり」「感謝」「強い意志」「感動」などの学習の際の感想と比較し、児童の道徳性の成長を見取るようにする。

教材名 およげない　りすさん

（『わたしたちの道徳　小学校１・２年』文部科学省）

ねらい 友達と仲良く遊んだり、困っているときは助け合ったりしようとする心情を育てる。
＊本教材については、文部科学省の HP よりダウンロード可。

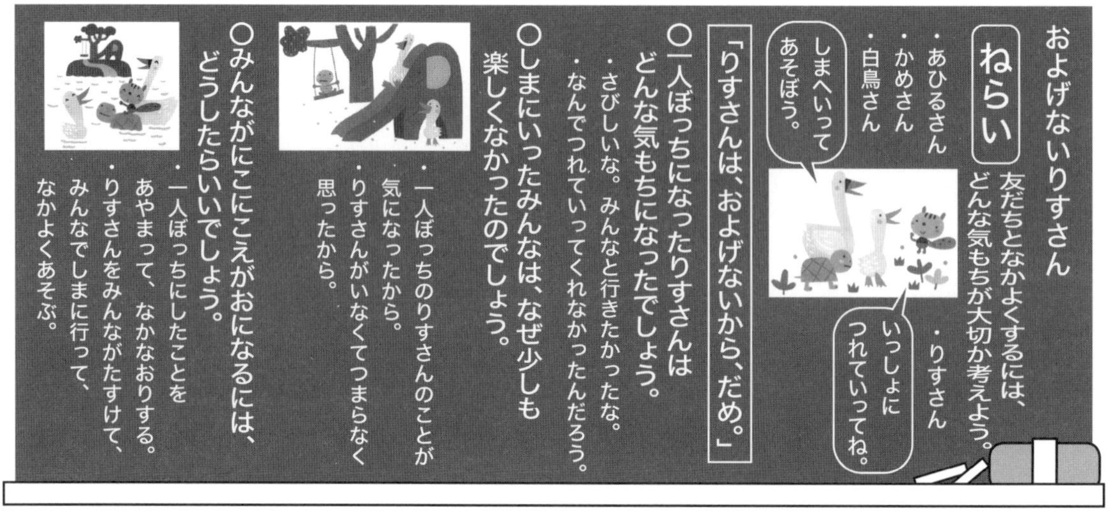

1　本時のねらいを確認する。

「友達となかよくするには、どんな気もちが大切か考えよう。」

2　教材の内容を理解する。

（１）教師が教材（問題場面まで）を範読する。
（２）どんな動物が出てくるか、確認する。
（３）イラストをもとに問題場面までのあらすじを確認する。

3　教材「およげない りすさん」を読んで話し合う。

（１）「一人ぼっちになったりすさんは、どんな気持ちになったでしょう。」
（２）「しまにいったみんなは、なぜ少しも楽しくなかったのでしょう。」
（３）「りすさんもみんなも楽しく、にこにこ笑顔になるといいね。どうしたらいいでしょう。」
（４）一人ぼっちになったりすさん以降の場面を、４人組で役割演技をし、登場人物の気持ちに寄り添う。

4　自分の経験を振り返る。

「困っている友達を助けたり、友達に助けてもらったりしたことがありますか。その時、どんな気持ちでしたか。」

5　学んだことをワークシートや道徳ノートにまとめる。

シート①「ねらい」
本時のねらいを確認する際に貼る。

シート②「イラスト１」「吹き出し１、２」
イラスト１と吹き出し１・２を掲示しながら、登場人物と問題場面までのあらすじを確認する。

シート③「イラスト２」
発問３（２）の際に提示し、登場人物の気持ちに寄りそえるようにする。

シート④「イラスト３」
発問３（３）の際に提示する。できれば、「イラスト２」と対比できるように提示できるとよい。

☆「なぜ楽しくなかったか。」と理由を問うことで、行動と結果の因果関係に気づかせ、（３）の発問に対して、主体的に取り組み、問題の解決法を議論できるようにする。

☆友達と仲良くするために、どんな気持ちを大切にしていきたいかまとめる。

考え、議論する道徳づくりのためのポイント

① 教材提示の工夫

問題場面で3の（3）「みんなが笑顔になるためにどうしからいいか」と問い、問題を解決しようとする意欲を高め、その解決法を多様に考えさせるために、教材を2部に分けて提示する。

② 理由を問う

3の（2）では、望んで行った島の遊びが楽しくない理由を問うことで、「友達を一人ぼっちにした」という自分たちがとった行動によって、「楽しくない」という思いが生じているという因果関係を明確にし、道徳的価値の問題点に気づかせる。

③ 解決方法を多様に考えさせる

行動と結果という因果関係を理解した上で、「お互いに楽しい」と思えるようにする方法を考えさせる。多面的に考えられるように、一人ぼっちになったりすの立場からも方法を考えさせる。これは、前の行動による望ましくない結果の修正方法を多様に考え、自ら日常生活をより楽しいものに変えていこうとする意欲につながるものと考えられる。

④ 役割演技で議論のまとめをする

3の（4）では、2分した後半部を、四人一組のグループで役割演技を行う。一人一役で役割演技を行うことで、誘われてうれしいりすさんの思いや、以前の行動を振り返り、これからはこうしていきたいと思う動物たちの気持ちをクラス全員が主体的に考えられる場となる。

教材の扱い方

いつも仲良く遊んでいるりすさん、かめさん、あひるさん、白鳥さん。「しまを渡って遊びたい。」という思いを前に「泳げるみんなと」「およげないりすさん」という3対1の構図ができてしまった。仲良しのはずなのに、自分たちのやりたいことを優先させてしまい、一人を仲間はずれにしてしまった3匹。そうして来てみたしまの遊びは、少しも楽しいと感じられない。それは、「連れて行って」といったりすさんを「およげないからだめ」と、置き去りにした行動の結果である。こういった場面は、児童の日常生活でもしばしば見受けられるであろう。

動物たちが自分たちの行動を振り返り、「およげないりすさんも仲間に入れて、みんなが楽しめる方法を考えよう」と工夫したように、学校生活においても、友達との間で問題が起きたとき、行動と結果の因果関係を捉え、問題解決のために、今どう考え、どのように行動すべきか自分自身で考えられる力を養っていきたい。

「みんながにこにこえがおになるには、どうしたらいいでしょう。」という、問題の解決方法を多様に考えさせる活動を議論の中心とし、実生活に活かしていけるようにしたい。

シートの意味・使い方・効果

「イラスト1」を示し、登場人物を確認し、続いて吹き出しを提示して問題場面の確認をする。

「イラスト3」は、3の（3）の話し合いの後で、「このお話には、続きがあります。みんなは、にこにこ笑顔になれたかな。読みますよ。」と語りかけ、教材の後半部分を読みながら提示する。そして、提示したイラストを指しながら、3の（4）の「にこにこ笑顔のみんなは、どんなことをお話ししているのかな。」と役割演技へとつなげる。

評価のポイント

1 本時の中での評価のポイント

3の（3）の問題解決の方法を登場人物のそれぞれに自我関与して、多様に考えている児童の意見を見取り記録する。一人一役の役割演技で、友達同士、助け合うことの大切さに気づいている児童の発言を丁寧に見取る。

2 集積する記録や記述

本時で学んだことをワークシートや道徳ノートに書かせ、ファイリングしておく。

Ⓒ 主として集団や社会との関わりに関すること　10 規則の尊重

教材名 いいのかな

（『小学どうとく　こころつないで２』教育出版）

ねらい 規則を大切にして、みんなと協調して生きようとする態度を育てる。

＊本教材については、巻末の99頁に転載。

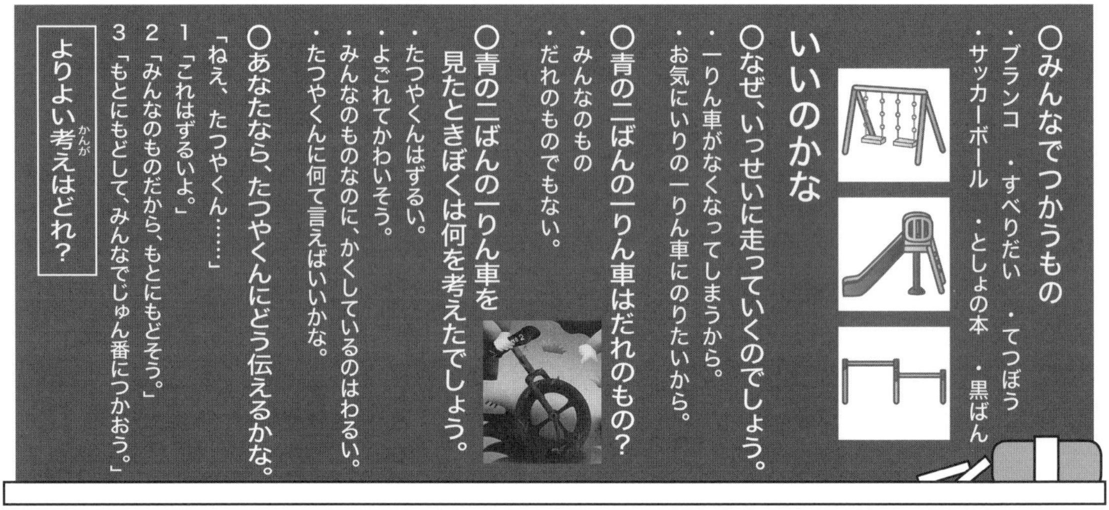

○みんなでつかうもの
・ブランコ　・すべりだい　・てつぼう
・サッカーボール　・としょの本　・黒ばん
いいのかな
○なぜ、いっせいに走っていくのでしょう。
・一りん車がなくなってしまうから。
・お気にいりの一りん車にのりたいから。
○青の二ばんの一りん車はだれのもの？
・みんなのもの
・だれのものでもない。
○青の二ばんの一りん車を見たときぼくは何を考えたでしょう。
・たつやくんはずるい。
・よごれてかわいそう。
・みんなのものなのに、かくしているのはわるい。
・たつやくんに何て言えばいいかな。
○あなたなら、たつやくんにどう伝えるかな。
「ねえ、たつやくん……」
1「これはずるいよ。」
2「みんなのものだから、もとにもどそう。」
3「もとにもどして、みんなでじゅん番につかおう。」
よりよい考《かんが》えはどれ？

1　みんなで使う物への関心を高める。

「学校の中で、みんなで使う物には、どんなものがあるでしょうか。」

2　教材「いいのかな」を読んで話し合う。

（１）教材の範読

（２）「なぜ、休み時間になるとみんないっせいに走っていくのかな。」

・一輪車がなくなってしまうから。

・お気に入りの一輪車に乗りたいから。

（３）「青の２番の一輪車は、誰の物ですか。」

・みんなの物

・誰の物でもない。

（４）「青の２番の一輪車を見たとき、『ぼく』は何を考えたでしょうか。」

・ずるい。　・汚れてしまって、かわいそう。

・みんなの物なのに。　・たつやくんに何と言おう。

3　たつやくんにどう言えばいいのか、自分事として考える。

「みんななら、たつやくんにどう話しますか。考えよう。」

4　教師の説話をする。

シート① **「イラスト　ブランコ」**
「イラスト　滑り台」
「イラスト　鉄棒」

児童から出された意見に応じて、イラストを黒板に貼る。

シート② **「イラスト　一輪車」**

「青の二ばんの一りん車」のイラストは、２（２）の発問をする際に、黒板に掲示する。一輪車は物であるが、児童が擬人化して考えやすくなる。一輪車の気持ちを通して、ぼくやたつやの気持ちや行動を考えさせる。

シート③ **「よりよい考えはどれ？」**

３のたつやくんへどう言うか、児童の意見を板書した後で提示する。児童により考えさせ、より発言させるために、考えの分布を把握し、数名に発言させる。

選択させることで授業への参加意識が高まる。

考え、議論する道徳づくりのためのポイント

①　シンプルな板書

板書は何のためにあるのか。児童の思考を支えるためである。無駄を削り、必要な内容だけに厳選した板書により、児童は問われていることを明確にでき、自分の考えをまとめやすくなる。

②　全員参加の保障

「意見を言ってくれる人？」「はい。○○君。」

こういった「挙手―指名」方式では、挙手する子だけを相手にし、挙手しない子や挙手できない子を授業に参加させない状態を生む。

ここぞという場面で、自分の考えを書かせる。そして、机間巡視で指名計画を立てる。それによって、意図的な指名をする。このように「作業―指名計画―指名」方式に改善することで、多くの児童の意見を吸い上げることができる。

③　「選択」させる

展開後半で、「自分ならどうするか」と問う。机間巡視をして代表的な考えを選び、意図的に指名する。板書し、さらに問う。「この三つの中で、どの言葉がよいかを決めます。選んだ理由も発表しよう。」

選択させることで授業への参加意欲が高まり、他者の考えが気になり始める。これが議論の準備である。あとは、それぞれを選んだ理由を、選択者の少ない意見から順に発言させる。

教材の扱い方

学校生活の中で、本時で扱う教材「いいのかな」と似たような場面は実際にあると考えられる。これは低学年向けの教材であるが、高学年でも考えられる事例でもある。

小学校の低学年の時期は、どちらかと言えば自己中心性が強く、自分勝手な行動をとることも少なくない。また、身の回りの公共物や公共の場所の使い方や過ごし方についての理解が足りない児童も多い。

指導に当たっては、みんなで使う物を進んで大切にし、工夫して使いたいという判断力や態度を身に付けられるようにする。

特に本時で大切にしたいのは「多面的・多角的な考え」である。

せっかくたくさんの子が集まっている教室でできる授業である。他者の考えからも学ばせたい。そのため、自分の考えと比較したり、自分の考えを深めたりできる場面を保障する。

効果的な交流をさせるためには、自分の考えを明確にする必要がある。授業の中で１回は、自分と向き合い、しっかり考えを整理させるための場づくりをする必要がある。

シートの意味・使い方・効果

導入の「学校の中で、みんなで使う物には、どんなものがあるでしょうか。」という問いでは、イラストを提示してもよいが、事前に学校にある遊具やボールなどをカメラで撮影しておいてもよい（私は iPad で撮影し、そのままテレビに映した）。児童が、自分の生活に結び付けて考えるのに有効である。

教材文中のイラストの「青の二番の一りん車」は、カラーでないのが残念だが、掲示することで子供たちを集中させることができる。

評価のポイント

1　本時の中での評価のポイント

ワークシートにある児童の言葉から、児童がどのように「自分を見つめているか」「多面的・多角的」に考えているかを見取る。また展開後半の交流場面での児童の発言を記録しておく。

2　集積する記録や記述

道徳ノートやワークシートを集積し、「節度、節制」「友情」など、関連する項目についての学習で、道徳性に係る成長の様子を見取る。

Ⓒ 主として集団や社会との関わりに関すること　10 規則の尊重

教材名　黄色い　ベンチ

（『わたしたちの道徳　小学校１・２年』文部科学省）

ねらい 約束やきまりを守り、みんなが使う物を大切にする態度を養う。
＊本教材については、文部科学省の HP よりダウンロード可。

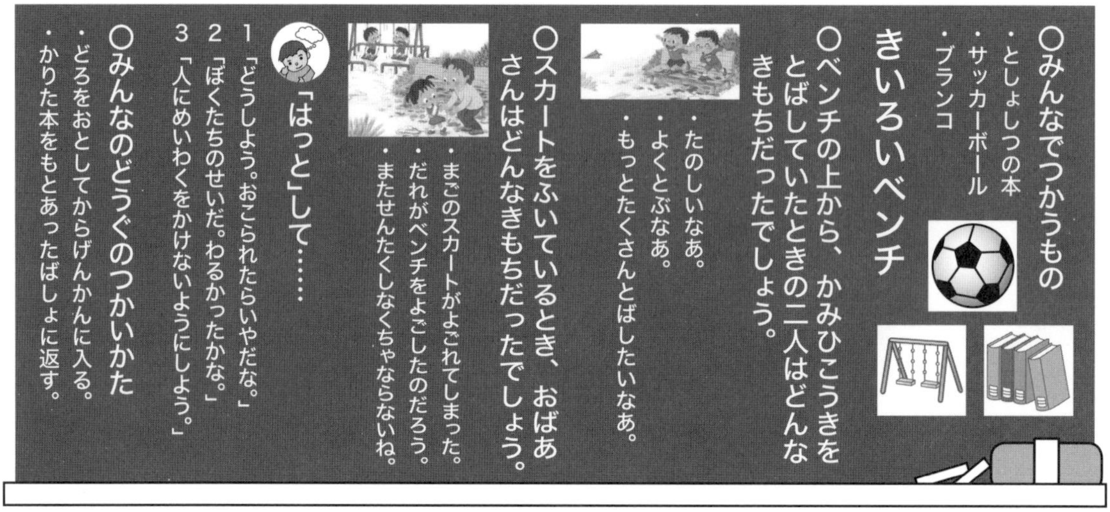

１　みんなで使うものにはどんなものがあるか考える。

「みんなで使う物には、どんなものがあるでしょうか。」

２　教材「黄色いベンチ」を読んで話し合い、考える

（１）教師が範読し、その後児童が各自音読する。

（２）「ベンチの上から紙飛行機を飛ばしていたときの２人はどんな気持ちだったでしょう。」

・たのしいなあ。　・よくとぶなあ。

（３）「スカートをふいている時、おばあさんはどんな気持ちだったでしょう。」

・汚れてしまった。　・誰が汚したのだろう。

（４）「はっ」とした２人が考えたことは何でしょう。

・どうしよう。怒られたら嫌だな。

・ぼくたちのせいだ。悪かったかな。

・人に迷惑をかけないようにしよう。

（５）「どの考えがよりよい考えだと思いますか。グループで話し合ってみましょう。」

３　今の自分を振り返って考える。

「みんなの道具を使う時、気をつけていることは何ですか。」

４　今日の授業を振り返って、感想をまとめる。

「今日の授業で、気づいたことや考えたことを書こう」

シート①「イラスト　本」
「イラスト　ボール」
「イラスト　ブランコ」

児童から出された意見に応じて、いくつかのイラストを提示する。児童の関心を高める。

シート②「場面絵１、２」

２（２）の発問の際に場面絵１を提示する。提示しながら、発問をすることで児童に問題場面をはっきりと示すことができる。

場面絵２は２（３）の発問の際に提示する。

シート③「じっくり考えよう」

１時間の授業の中で、必ず１回は、児童が教材文と向き合い、自分の考えをもつ時間を保障すべきである。

このカードを黒板に貼ったら、「よし、考えるぞ。」と児童にスイッチが入る。他の発問と軽重をつけるのに有効なカードである。

考え、議論する道徳づくりのためのポイント

①　児童の考えを「分類」する

展開前段（4）で、「『はっ』とした二人が考えたことは何でしょう。」と問い、児童に考えをワークシートに記述させる。

机間巡視しながら、児童の記述を分類する。例えば、「どうしよう。怒られたら嫌だな。」のように自己中心的な考えを記述している児童。また、「ぼくたちのせいだ。」のように、自分たちの行動を自覚している児童。そして、「人に迷惑をかけないようにしよう。」のように、これからの自分につながる考えを書いている児童などである。

この机間巡視と分類によって、児童の発言を促し授業を計画的に進めることができる。

②　授業で児童に「選択」させる

まず、「①」で分類したいくつかの考えを板書し、よりよいと考えるものを選択させる。

次にその選択した理由を４人グループで交流させる。

「対話的な学び」を実現するための第一歩は他者の考えを知ることにある。まずはペアや４人グループなどの少ない人数でのやりとりから始めるとよい。誰もが全員の前で話せるとは限らない。少ない子の前であれば、抵抗感が少ない。

他者との対話を通して、友達の考えを理解し合える。安心した場で自分の考えを伝え合える、そんな環境づくりが他教科と同様に、道徳科でも重要である。

教材の扱い方

雨上がりの公園のベンチに泥のついた靴で上がり、夢中で紙飛行機を飛ばす子供たち……このような、思いつきの自分勝手な行動は他者に迷惑をかける。こうした経験は低学年の児童にはよくあるはずである。

低学年の児童は自己中心的な嫌いがあり、周囲への配慮を欠いて、自分勝手な行動をとることも少なくない。また、公共物や公共の場所の使い方についての理解は十分とは言えない。そこで、みんなが気持ちよく安心して過ごすためにどうすべきかを考えさせたい。

また、「紙飛行機」という遊びや「公園」という場は、低学年の児童にとって身近である。したがって、この教材の登場人物に共感しやすいであろう。特に、自分たちの行動の問題点に「はっ」と気づく場面は重点的に考えさせたい。楽しいと感じている裏で、誰かが悲しんでいたり、嫌な気持ちになっていたりしていないかを常に考える心をもたせたい。

また、展開後半では、これまでの生活を振り返らせ、公共物に対して、きまりを守ってきたことのよさについて交流させ、きまりがなぜ必要なのかについて改めて考える契機としたい。

遠足などの前に扱いたい教材である。指導計画作成の際には、位置づけを工夫したい。

シートの意味・使い方・効果

掲示用のイラストは、場面の状況を捉えさせる上で必要不可欠である。サイズはA4で十分である。挿絵のデータは一括管理しておくと、共有できる。道徳科になり教科書が決まれば、しばらく継続して使用できる。（みんながアクセスできるデータバンクのフォルダに「挿絵」→「学年」→「教材名」）。こういった工夫が、教材研究の時間を生み出す。道徳教育推進教師は、ぜひ提案をしてほしい。

評価のポイント

話し合いの内容は記録に残し難い。また、低学年児童に記述させるのは難しく、ポートフォリオ評価がなかなか上手くいかない実態がある。そこで、低学年の道徳科のTT体制を検討してはどうか。

学校体制を工夫・改善し、T1は授業に専念し、T2の教師が発言や児童の様子を記録する。この積み重ねが授業改善につながり、児童の成長を促すことになるだろう。

Ⓒ 主として集団や社会との関わりに関すること　11 公正、公平、社会正義

教材名　あめふり

（『どうとく1年　きみがいちばんひかるとき』光村図書）

ねらい　誰に対しても分け隔てない態度で接し、正義の実現に努めようとする態度を育てる。
＊本教材については、巻末の100頁に転載。

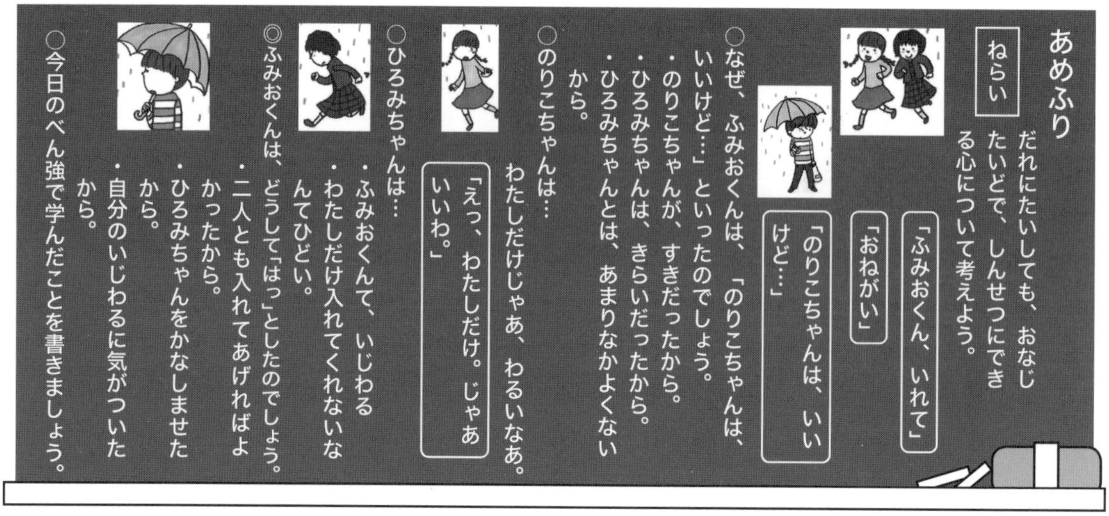

1　本時のねらいを確認する。
　本時のねらいである「誰に対しても、同じ態度で、親切にできる心」とはどんな心だろう、と問いかける。
2　場面絵を見せながら再現構成法で話を進めていく。
3　教材文「あめふり」について話し合う。
　（1）「『お願い』と言われたふみお君は、何と答えたと思いますか。」
　（2）「ふみお君はなぜ、『のりこちゃんは、いいけど…』と言ったのだと思いますか。
　（3）「のりこちゃんは、ふみお君の傘に入れてもらったでしょうか。自分がのりこちゃんだったらと想像しながら、吹き出しの言葉を考えましょう。」
　（4）「ひろみちゃんは、どんな気持ちでかけだしたでしょう。ひろみちゃんになったつもりで考えましょう。」
　（5）「ふみお君はどうして『はっ』としたのでしょうか。グループで話し合いましょう。」
4　自分の経験を振り返る。
　ふみお君と同じ経験をしたことがあるか。
5　今日学んだことを、道徳ノートにまとめる。

シート①　「ねらい」🔘
　本時のねらいを確認する際に貼り、1時間を通してねらいを明確にする。
シート②　「場面絵1、2」
　　　　　「吹き出し1～3」🔘
　教材文は見せずに教師の語りで進める。
シート③　「場面絵3～5」
　　　　　「吹き出し4」🔘
　（1）お願いされたふみお君を想像させる。
　（2）ふみお君の言葉を吹き出しにし、ふみお君と同じような経験を思い出させる。
　（3）自分がのりこちゃんだったらと想像しながら、吹き出しの言葉を考えさせる。イラストと吹き出しを使って再現する。
　（4）ひろみちゃんが、どんな気持ちでかけだしたか、思いを想像させる。
　（5）ふみお君の心がどのように変化したかを考えさせ、話し合わせる。グループごとに発表をする。
☆グループ討議の結果は、ホワイトボードなどに書かせて発表させても良い。

考え、議論する道徳づくりのためのポイント

①　わくわく感を大事に

話の内容が、始めから全て分かっても良いときは、最初から全文を読ませる。しかし、本教材の場合は、ところどころで考えさせたい場面がいくつかある。一度読んでしまうとおもしろさが失われてしまうため、教師の語りで話を進めて行く。児童が、話の先を知りたい、みんなの意見を聞きたい、自分も意見を述べたいと思うようなわくわく感を大事にしたい。そのために、場面ごとの登場人物のイラストや吹き出しを効果的に使いたい。教師の読みの工夫も必要である。

②　登場人物の気持ちに寄り添って

誰に対しても分け隔てなく公平な態度をとるということは、この時期の児童にとっては、なかなか難しいことである。だからこそ登場人物の「ふみお」の気持ちに、素直に向き合うことができる。反対に、傘に入れてもらえない「ひろみ」と同じような経験も多くの児童がしていることだろう。「ひろみ」を裏切れないという「のりこ」の立場も同じである。登場人物の気持ちに寄り添って、考えていかせることで、自分がもしその立場だったら…という意見や思いを持ちやすくなる。

教材の扱い方

本教材は、雨の日のちょっとした出来事をモチーフにした話である。児童にとっては身近な話だ。低学年の児童は、好き嫌いがはっきりとしていて、あからさまに感情を表してしまう嫌いがある。ということは、教材文の登場人物３人の立場を経験することも多いということである。だから、児童は自分の経験を積極的に話したがり、それぞれの吹き出しにも生きた言葉が期待できる。前半の部分でその経験を充分に表現させておくことで、後半のグループでの活発な話し合いにつなげたい。

登場人物のふみおが、「はっ」と気づく場面が、最後に出てくる。これは、のりこやひろみの言動によって、ふみおが変容する場面である。ふみおが、どんなことに気づいたのかについて、児童が活発に議論するためには、のりこの「えっ、わたしだけ。じゃあいいわ。」という言葉や、ひろみがどんな気持ちで駆け出していったかなどを想像することが重要である。児童にとって身近な話だからこそ、登場人物の心情や考えを想像しやすく、学習したことが生活にしっかり反映される教材であると考えられる。

シートの意味・使い方・効果

教師による語りで話の筋をつかんでいくので、イラストは重要な役割を担っている。

・おつかいの帰りに雨が降る。
・傘を持っていた「ふみおくん」
・傘を持っていない「ひろみちゃんとのりこちゃん」
・「傘の中に入れて」と頼むふたり

ここまでは一気にイラストを出しながら、話を進めていく。傘に入れてほしいとお願いされたふみおが、どんな言葉を発するか、その後、のりこやひろみがどんな気持ちになるのかを考えさせる。吹き出しに想像した言葉を書くと共に、イラストの表情にも着目させることで、より臨場感のある学習になると思われる。

評価のポイント

1　本時の中での評価のポイント

「はっ」とした時のふみおの気持ちや考えを話し合う場面で、どのようなことをワークシートに書いていたか、話し合いの時にどのような意見を述べていたのかを見取る。

2　集積する記録や記述

道徳ノートやワークシートを集積し、今回の記述内容と、「正直、誠実」「親切、思いやり」「友情」などについての学習での発言や記述内容を比較して、道徳性に係る成長の様子が認められるかについても着目したい。

Ⓒ 主として集団や社会との関わりに関すること　11 公正、公平、社会正義

教材名 二わのことり

（『みんな　なかよく　どうとく１　神奈川県版』東京書籍）

ねらい まわりの人の意見に流されないで、自分で考えてよい行動をしていこうとする判断力を養う。

あらすじ やまがらの誕生日に、遠くの寂しい所にあるやまがらの家には行こうとせず、明るいきれいなうぐいすの家に集まる小鳥たち。そんな中、みそさざいは、最初はみんなと一緒にうぐいすの家に行くもやまがらのことを思い、途中で抜け出し、やまがらの家に向かう。

二わのことり

ねらい

自分で考えてよい行どうをするにはどうすればよいか考えよう。

・やまがらのたん生日
・音楽会のれんしゅう
・みそさざい→どちらに行こうかな
・そっとぬけだしてやまがらの家に

○小鳥たちは、なぜやまがらのたん生日に行かなかったのだろう。
・やまがらの家→遠くさびしい所
・うぐいすの家→明るいきれいな家

○みそさざいは、なぜやまがらの家に行ったのだろう。
・やまがらがかわいそうだと思ったから
・遠くてさびしい所でもいいと思ったから

自分が、みそさざいだったら、やまがらの家に、一人で行ったか、みんなをさそったか、話し合おう。

ひとりで
・歌のれんしゅうをしていてわるいと思った。
・どうせ、行かないな。

みんなで
・みんなで行った方が、やまがらがよろこぶ。
・みんなをせっとくする

○みそさざいが家に来た時、やまがらはどんな気もちになっただろう。
・きてくれてありがとう
・ともだちっていいな

1　本時のねらいを確認する。

「ほかの人に言われたからやるというのではなく、自分で考えて、よい行いをするにはどうすればよいか考えよう。」

2　教材の内容を理解する。

（１）教師が範読した後で、児童が各自音読する。

（２）教師中心であらすじを確認する。

3　教材「二わのことり」を読んで話し合う。

（１）「小鳥たちは、なぜ、やまがらの誕生日に行かなかったのだろう。」

（２）「みそさざいは、なぜやまがらの家に行ったのだろう。」

（３）「自分がみそさざいだったら、やまがらの家に一人で行ったかみんなをさそったか、話し合おう。」

（４）「みそさざいが、家にきたとき、やまがらは、どんな気持ちになっただろう。」

4　自分の経験を振り返る。

まわりの人の意見に流されないで、自分で考えてよい行動をしたことがあるか、考えてノートに書く。

5　今日学んだことを道徳ノートにまとめる。

道徳ノートを使用していない場合はそれに変わる用紙を準備しておく。

シート①「ねらい」

本時のねらいを確認する際に貼る。授業の１時間を通してねらいを明確にするのに役立たせる。

シート②「イラスト１」

あらすじを確認しながら、小鳥のイラストを貼り、話をイメージしやすくする。

シート③「話し合い（自分が～話し合おう。）」

（１）と（２）の発問は板書し、各自に考えさせ、ワークシーや道徳ノートに書かせる。

（３）の発問シートを貼り、話し合いのテーマをはっきりさせておく。

シート④「イラスト２」

やまがらのイラストを貼り、やまがらの気持ちを想像しやすくする。児童の意見は、吹き出しなどにしても良い。

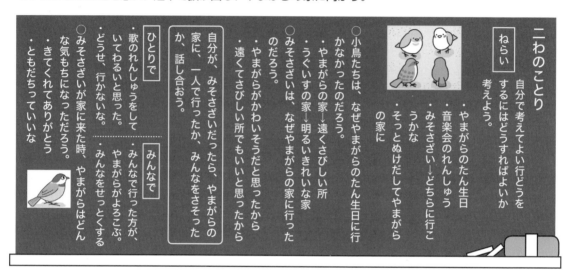

考え、議論する道徳づくりのためのポイント

①　主体的な学びをするために

話の内容が自分の生活と結びつくとき、児童は主体的に考え学ぼうとする。本授業では、始めに「今までに回りの人の意見に流されてしまったと思う経験」を問い、今日の授業のめあてを確認するところからスタートすることで、児童の意欲を高める。

②　話し合いをしたくなる発問を提示

話の中で、みそさざいが他の小鳥に内緒でそっと抜け出してやまがらに会いに行く場面がある。自分が、もしみそさざいだったら…と問うことは、児童に自分事としてどちらを選択するかを問うことになる。児童にとって話し合いたくなる問いかけである。

③　自分の立場をはっきりさせる

自分の立場をはっきりと選択させることで、他者との議論が活発になる。「自分が、もしみそさざいだったら、やまがらの家に一人で行ったか、他の小鳥たちを誘ったか」と二者択一で問うことで、自分の立場を明確にしやすくなる。

自分がなぜその立場を選んだのか、理由を道徳ノートやプリントにはっきりと書く事で、児童の思考は深まりを増す。そして議論は、より活発化すると考えられる。

教材の扱い方

「二わのことり」は、「信頼・友情」の価値項目の授業でもよく扱われる教材である。ここでは、視点を「公正・公平」におき授業を組み立てた。そのため、発問①の「ことりたちは、なぜやまがらのたんじょうびにいかなかったのだろう。」という問いかけが大事になってくる。

・綺麗で明るいうぐいすの家

・遠くて寂しいやまがらの家

という対照的な二軒の家。小鳥たちが見た目の価値だけで自分たちの行動を決めている場面を取り上げる。

小鳥たちは、「綺麗で明るいうぐいすの家」を選び、誕生日に招待されていながら、「遠くて寂しいやまがらの家」には行かない、そのことが公正・公平さに欠ける行動であることを、しっかりと押さえたい。

この点が、「信頼・友情」の価値項目でこの教材を扱う場合とは違う点である。また、もし自分がみそさざいだったらと想像させることや、友達と議論させることは、善いことを人に流されずに行うことの難しさを知り、その価値の大きさについて実感するために有効な活動である。

シートの意味・使い方・効果

イラストは、教材文と同じ場面のものである。教材を教師が範読し、その後児童が音読する。あらすじを確認する際に、黒板にイラストを貼ることで、登場人物や話の内容をイメージしやすくなる。スペースがあれば、もう１枚貼ってもよい。

最後に使うやまがらのイラストは、教材文中ではみそさざいと一緒に写っているものの一部である。実際に、やまがらやみそさざいという鳥を知っている児童は少ないと思われる。双方が描かれていては、児童が混同する可能性があるため、やまがらだけのイラストを用いることにした。ここは授業者の裁量で変更することももちろん可能である。

評価のポイント

1　本時の中での評価のポイント

発問２（４）で、校正、公平な考え方をしているかどうか、多面的・多角的な見方が表れているかどうか、自分との関わりの中で、校正、公平の大切さについて考えているかなどを、ワークシートへの記述や発言内容から見取っていきたい。

2　集積する記録や記述

道徳ノートやワークシートを集積し、関連する項目についての学習で、道徳性に係る成長の様子が認められるかについても着目したい。

Ⓒ 主として集団や社会との関わりに関すること　12 勤労、公共の精神

教材名 ゆかみがき

（『小学どうとく　こころつないで２』教育出版）

ねらい 働くことの大切さに気づき、進んでみんなのために働こうとする意欲を高める。
＊本教材については、巻末の101頁に転載。

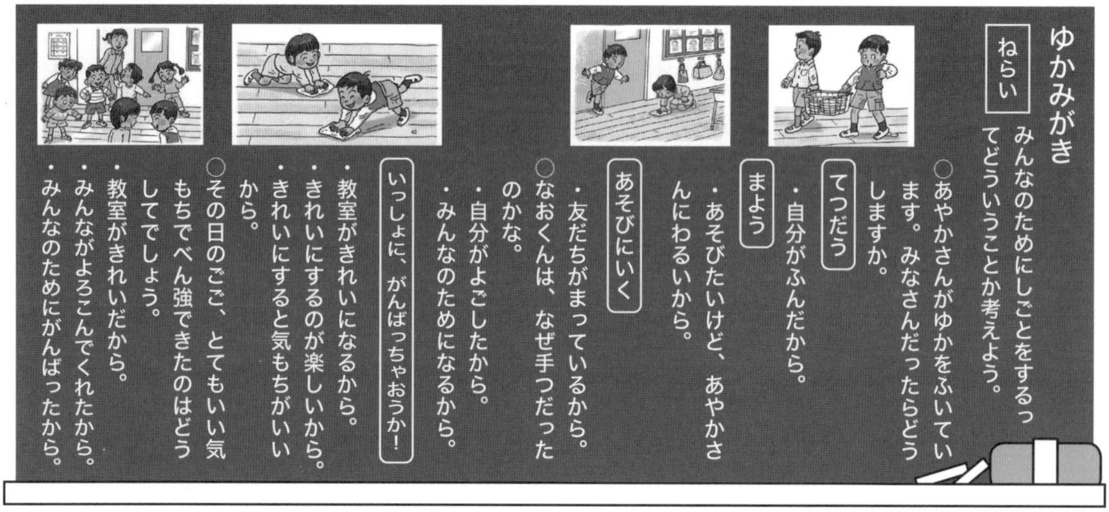

1　本時のねらいを確認する。

（１）日常生活で体験したことのある仕事について思い出す。

（２）学習のめあてを持つ。
「みんなのためにしごとをするってどういうことか考えよう。」

2　教材の内容を理解する。

（１）教師が範読し、その後児童が各自音読する。

（２）場面絵を貼り、あらすじをとらえる。

3　教材「ゆかみがき」について話し合う。

（１）「あやかさんがゆかをふいています。みんながなおくんだったらどうしますか。理由も書きましょう。」
「手伝う」「遊びに行く」「迷っている」

（２）「床を拭いているあやかさんの姿を見たなおくんは、なぜ手伝い始めたのでしょう。」

（３）「いっしょに、頑張っちゃおうか！」と言って、二人がずっと掃除を続けたのはどうしてでしょう。」

（４）「その日の午後、とてもいい気持ちで勉強できたのはどうしてでしょうか。」

4　自分の経験を振り返り、ワークシートに書く。

5　学んだことをワークシート（道徳ノート）にまとめる。

シート① **「イラスト１～４」**
あらすじをとらえさせるために、イラストを貼り、話の内容を理解しやすくする。また、二人の表情にも注目させ、そのときの気持ちを考える手立てにする。

シート② **「てつだう」**
「まよう」
「あそびに行く」
三つの立場について、気持ちや理由を考え発表させる。選択肢を提示することで考えやすくなる。良いことは分かっても、それができない心の動きを振り返らせる。

シート③ **「いっしょに、がんばっちゃおうか！」**
この言葉を提示して強調し、みんなのために働く楽しさについて考えさせる。

☆考えは、ワークシートに書かせる。

☆道徳的価値の低い理由を選ぶ子がいれば、選んだ理由を聞き、是非を考える。

考え、議論する道徳づくりのためのポイント

① 自分の立場を決めて意見を出させる

発問（1）は、自分だったらどうするか、立場を決めて意見を発表する。その立場を選んだ理由も発表させることで、それぞれの児童の本音を引き出したい。私たちには心の弱い部分があることを認める時間も大切にしたい

② 生活経験と結びつける

発問（3）では、嫌々始めた仕事でも、やってみるとだんだん楽しくなり、仕事そのものの楽しさを感じることを、経験と結びつけて話し合わせるようにする。自分の経験と結びつけることで、児童は意見を出しやすくなる。発問（4）では、自分が仕事を楽しむだけでなく、自分のしたことが周りの人の役に立っていることが分かり、これから進んでみんなの役に立とうとする具体的な目標を持つことのできる話し合いにしたい。

③ 具体例を準備する

早く遊びに行きたい気持ち、拭き始めるときれいになっていくうれしさや楽しさ、自分が床みがきをしたことで、先生や友達に喜んでもらったことに対する充実感や達成感、そんな思いを日常生活でも振り返って話せるように、学校生活の中で見つけた、給食当番や掃除、日直の仕事などの具体例を準備しておく。具体的な場面を提示することで、児童もその場の様子や気持ちを具体的に表現できる。

教材の扱い方

なおくんは、教室の床が汚れていることには気がついていた。給食当番が終わり、友達が待っているので遊びに行こうとするが、その汚れを一人で掃除しているあやかさんがいた。遊びに行くか手伝うか迷ったが、なおくんはそのまま放っておけず、いっしょにみがくことにした。始めは、嫌々だったが、そのうち、床がきれいになるのが楽しくなる。

床はぴかぴかになった。なおくんは、先生と友達の驚いた顔やきれいになった気持ちの良い教室を見て、二人で掃除したことの満足感や達成感を感じた。自分のしたことが誰かの役に立ち、それを喜びとして感じることができたのだった。

教材のポイントは次の三つである。

1　一人で掃除しているあやかさんを見たときの、なおくんの気持ちを想像させる。

2　二人で掃除を続けているうちに、なおくんの感じた気持ちを想像させる。

3　先生や友達から褒められたときの、なおくんの気持ちを想像させる。

1で、良いと分かっていてもなかなか行動できない思いを振り返らせ、2で、床がきれいになっていくことをうれしさや楽しさととらえられるようになった心の変化に気づかせる。そして、3では、自分のしたことが他の人の役に立ったと実感させることで、満足感や達成感を味わわせたい。

シートの意味・使い方・効果

イラストは、あらすじを確認する際に、貼って用いる。あらすじを確認しやすくなると同時に、人物の表情により、それぞれの主人公の気持ちの変化がとらえられ、児童が話し合いやすくなる。

話し合いを行う際に黒板に選択肢を貼る。自分がどの立場であるか決めやすく、それに基づいて気持ちや理由を話すことができる。また、友達の意見を聞いて、自分の考えが変わったことも確認できる。

評価のポイント

1　本時の中での評価のポイント

自分ならどうするか、ワークシートに書いて話し合いをした後、みんなのために働く理由を書くことで、道徳的価値の深まりを見取る。

2　振り返りの集積

ワークシートや道徳ノートを使って、学んだことや感想を書くだけでなく、これから具体的な場面でどうしていきたいかを書かせる。

教材名　森のゆうびんやさん

（『わたしたちの道徳　小学校１・２年』文部科学省）

ねらい 働くことのよさを感じて、みんなのために働こうとする意欲を高める。
＊本教材については、巻末の102頁に転載。

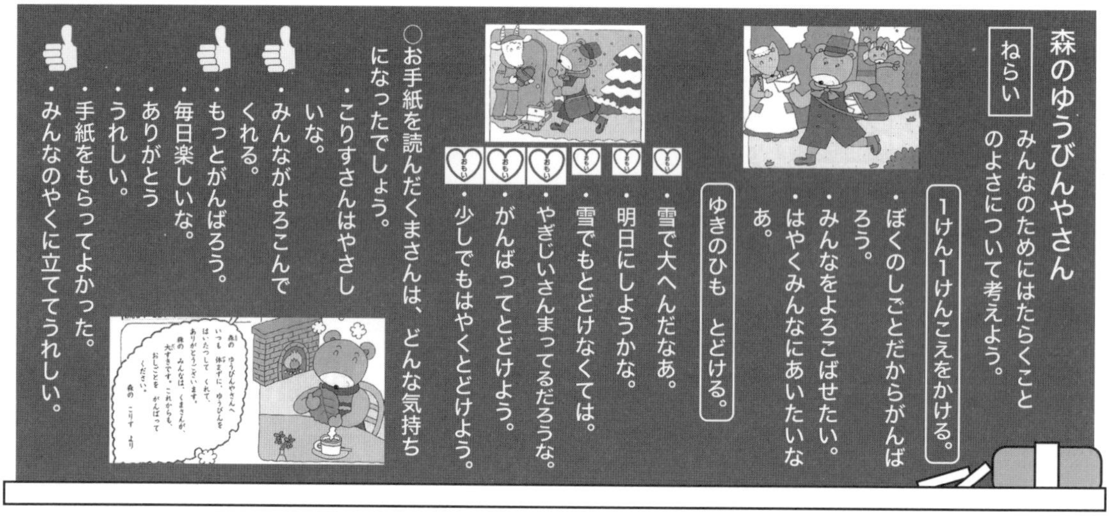

1　事前アンケートの結果を知らせる。

○働くといいなと思ったこと

・お金をもらった、ほめられた、喜んでもらったなど

○働くのが嫌だと思ったこと

・面倒くさい、疲れる、やりたいことがあるなど

2　本時のねらいを確認する。

「みんなのために働くことのよさについて考えよう」

3　教材文を配付し、教師が範読後、児童が各自音読する。

4　教材「森のゆうびんやさん」について話し合う。

（1）「くまさんは、どんな気持ちで１軒１軒声を掛けながら、配達をしていたのでしょう。」

（2）「雪の日にやぎじいさんの家に向かいながら、くまさんはどんなことを考えていたでしょう。」

（3）「くまさんは、どうして、次に配達する家に急いだのでしょう。」

（4）「もりのこりすからのお手紙を読んだくまさんは、どんな気持ちになったでしょう。」

5　自分がみんなのために働いたことを振り返り、くまさんに手紙を書く。

6　学んだことをワークシートにまとめる。

シート①「場面絵」

場面絵を貼ることで、児童の興味を高め、お話のイメージを持たせることで意見を出やすくする。

シート②「場面説明」

「１けん１けんこえをかける。」「ゆきのひもとどける。」のカードを貼り、児童に考えさせたいくまさんの気持ちを焦点化する。

シート③「おもいカード」

登場人物の気持ちに寄り添って考えさせたい発問４（２）で使う。マイナスの気持ちも含め、人の持ついろいろな気持ちを認め合いながら、仕事や相手に対する気持ちの強いものには、色の濃いカードを貼ることで、ねらいに迫る。

シート④「グッドカード」

今日の学びを生かして、これから実践していこうとする意見が出たときに貼ることで、児童の実践意欲を高める。

考え、議論する道徳づくりのためのポイント

①　自分の意見を自由に発表する

イラストを手掛かりに、くまさんの行動の理由や気持ちを自由に考えさせ、多様な意見を出させる。どんな意見も受け入れることで、発言への意欲を高める。

②　意見を深める

発問４（１）では、何気ない行動の中にある、くまさんが大事にしている仕事に対する思いを考えさせる。

発問４（２）では、「雪が降るので配達を明日にしてもいいのではないか」という補助発問も入れながら、郵便配達に対するより深い思いへの気づきを促す。気づくことによって発言意欲が高まる。

③　教師のコーディネート

話し合う中で、働くことに対する価値の高いものへと目を向けていくことができる板書構成にする。

また、事前のアンケートと話し合った後での児童の意見の変化も取り上げ紹介していくとよい。

教材の扱い方

くまさんは、森の郵便屋さんである。いつもみんなに声を掛けながら、１軒１軒丁寧に配達をしていた。ある日、雪の日にもかかわらず、山道を登ってやぎじいさんの家まで小包を届けた。やぎじいさんはとてもうれしそうだった。その日、家に帰ると、もりのこりすから感謝を伝える手紙が届いていた。

本時の指導のポイントは三つある。

1　くまさんはどうして１軒１軒みんなに声を掛けて歩くのか、雪の日だからといって配達を休まず急いで届けようとするのはなぜか、くまさんの行動から、仕事に対する心構えを考えさせたい。

2　くまさんに手紙や小包を配達してもらった動物たちはどんな気持ちだっただろうか、やぎじいさんの様子や言葉から、そのうれしさや喜びの気持ちをとらえさせたい。

3　くまさんに届いた森のこりすからの感謝の手紙を読むことで、自分のした仕事がみんなの役に立っていると改めて分かり、やりがいを感じ、これからも頑張って仕事をしようとするくまさんの思いを感じ取らせる。

くまさんの気持ちへの共感を通して、自分が誰かの喜びにつながっていることや相手の役に立っているという、働くことのよさを学ばせたい。

シートの意味・使い方・効果

イラストは、教材文中のイラストを拡大して用いる。あらすじを確認したり、場面ごとの気持ちを捉えたりするために黒板に貼る。

場面説明シートは場面を焦点化するために提示する。働くことに対するくまさんの思いをとらえさせ、働くことのよさについて話し合いを深める。

「おもいカード」を使って、人の多様な思いを認め合いながら、より道徳的価値の高いものへと目を向けて話し合えるようにする。

今日の学びとして、これからの実践意欲につながる意見や、事前のアンケートから変容の見られた意見に対し「グッドカード」を貼付して賞賛し、実践意欲につなげる。

評価のポイント

1　本時の中での評価のポイント

発問４（２）から発問４（３）になったときに、くまさんの仕事に対するより強い思いをとらえることができるか、また、自分が褒められるなど自分のために仕事をするよりも、仕事をする相手のためになるかどうかについて、より深く考えることができるかを見取る。また、事前アンケートの内容と比べて、学習後の振り返りにどのような変容があったかも着目したい。

2　振り返りの蓄積

ワークシートや道徳ノートを使って、学んだことや感想を書くだけでなく、これから具体的な場面でどうしていきたいかを書かせファイリングする。

Ⓒ 主として集団や社会との関わりに関すること　13 家族愛、家庭生活の充実

教材名 おとうさんのカレーライス

（『みんなのどうとく　1年』学研）

ねらい 家族に感謝し、家族を大切にしようとする。

あらすじ お母さんの入院中に、お父さんが代わりにカレーライスを作ってくれた。でも、そのカレーライスは、味が少し変だった。でも、ぼくは黙って食べた。お父さんは、「カレーライスは、やはり、お母さんじゃないと美味しくないな」と言ったが、ぼくは「おとうさんのだって美味しいよ」と言って笑った。

1　本時のねらいを確認する。

「かぞくのいいところについてかんがえよう」

2　自分の家族について考えさせる。

「かぞくにしてもらってうれしいことはなんですか。」

3　教材「おとうさんのカレーライス」を読んで話し合う。

（1）教師が範読し、そのあとで一緒に音読する。

（2）あらすじを確認する。

（3）「『ぼく』が、だまって、カレーライスをたべていたのはどうしてでしょう。」

・おとうさんががんばってつくったから、のこさないぞと思っていたから。

・おとうさんがつくってくれてうれしいから。

（4）「あるきながら、「ぼく」はどんなことをおもっていたでしょう。」

・おとうさんはやさしい。

・おかあさんにカレーのことをはなそう。

・ぼくもこんど、なにかてつだおう。

（5）「かぞくがいてよかったとおもうときは。」

4　今日の授業を振り返って、感想をまとめる。

「自分の家族への感謝の手紙を書こう。」

自分にできることも考えながら手紙を書く。

シート①「ねらい」

本時のねらいを確認する際に貼る。各学校の統一のものがあればそれを用いる。

シート②「家族一人一人の顔」

あらすじ確認の前に、自分の家族について考えさせる。提示することで、イメージしやすくなり、活発に発表できる。

シート③「イラスト１、２」

あらすじ確認の際の最後に貼る。

シート④「話し合い」
「発問文」

（3）の発問を貼り「これから話し合いをします。話し合いではよく考えることとよく聞くことが大事。」と呼びかける。

シート⑤「イラスト３」

（4）の発問の際に貼る。

☆考えは、ワークシートに書かせる。

☆道徳的価値の低い理由を選ぶ子がいれば、選んだ理由を聞き、是非を考える。

☆道徳ノートに継続して書いたり、プリントをファイルに綴じたりして蓄積する。

考え、議論する道徳づくりのためのポイント

① 自分のことを振り返る

普段は、気づいたり考えたりする機会は少ないが、自分の家族一人一人のよさに意識的に目を向けさせ、感謝の気持ちをもたせるようにする。そうすることで、家族についてより深く考えることを促す。

② 自由に考えさせ、多様な意見を出させる

発問（３）は、児童に自由に考えさせる発問である。「ぼく」の立場になって考えようと問いかける。「どんなことでもいいですよ。」「自由に考えていいですよ。」と助言し、自由に考えさせる。自由に考えることで多様な意見が出、その考えに触れることで、さらに考え、自分の考えが深まる。

③ 自分事として考えさせる

自分だったらどうするかを、主人公の立場に立って考えさせる。また、自分がしたことで家族に喜ばれた経験を思い出させる。そうすることで、児童はねらいを意識し、自分事として問題を捉え始める。常に自分の家族と照らし合わせて考えることで、より真剣に考えようとする。

④ 教師のコーディネート

児童の意見に対して、時にはその理由を問い、時には他の児童に是非を判断させる。児童の意見をただ板書するだけではなく、導入の板書を生かして、家族のために何かをしたいという気持ちまで考えることができるようにする。

教材の扱い方

弟が生まれ、母親が入院しているときの父と子の話である。慣れないカレーライスを作る父、少し不出来なカレーライスをぱくぱく食べる「ぼく」。母の料理の上手さをほめる父、父の努力を讃える「ぼく」。家族一人一人のよさやそれぞれの家族に対する思いやりに目を向けることのできる教材である。低学年の児童にとって、家族から「してもらう」ことは当たり前になっている。また、家族はわがままを言える存在である。そこで、家族が自分にしてくれていることに目を向け、感謝の気持ちをもち、家族のために何かをしたいという気持ちをもたせたい。「ぼく」がだまってカレーライスを食べていたのはなぜか、という発問に対し、父親が家族のために苦労してカレーライスを作っている様子を押さえ、それを見て、味が少し変だということを、口に出して言わない「ぼく」の優しさに気づかせる。家族のことを大切に思う気持ちを深めるために、家庭との連携を図り、授業の様子を学級通信などで知らせるなどの工夫もあるとよい。また、児童の家族構成によっては、父親を強調し過ぎない配慮も必要である。

シートの意味・使い方・効果

教材文と同じ場面のイラストを使うことで、児童にあらすじをとらえやすくする。あらすじを確認しながら、イラストを黒板に貼って用いる。また、このイラストの場面が、児童への発問の場面となっているために、児童が意見を出しやすくなる。

「話し合い」シートは「話し合い」を行う際に、意識付けとして黒板に貼る。これを貼ることで、これから話し合いをするという、児童の意識を高める。同時に、よく聞くことやよく考えることについても意識づける。継続して用いるようにしたい。

評価のポイント

1 本時の中での評価のポイント

発問（３）、（４）では、「ぼく」の立場になって考えているかどうか、発問（５）では、物を買ってもらうなどの物質的なことではなく、無償の愛情に目を向けているか、ワークシートへの記述や発言内容から見取っていきたい。

2 集積する記録や記述

道徳ノートやワークシートを集積し、関連する項目についての学習で、道徳性に係る成長の様子が認められるかについても着目していく。

教材名 サバンナの子ども

（『みんな　なかよく　どうとく２』学研）

ねらい 家庭を大切にし、進んで家の手伝いなどをして、家族の役に立とうとする。

あらすじ アフリカの男の子、ラジャブは、サバンナの村で７人の大家族で暮らしている。村では水はとても貴重で共同井戸の水を村のみんなで大切に使っている。ラジャブは学校から帰るとすぐに水汲みに行くが、家族が喜んでくれるので、それを一度も嫌だと言ったことはない。

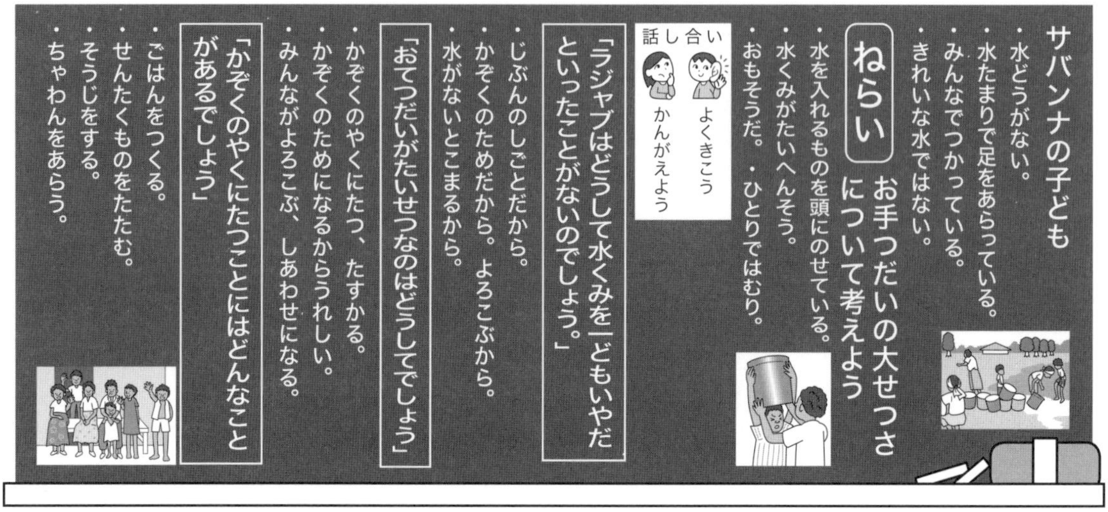

1　サバンナの生活の様子を見て話し合う。

・水どうがない。　・水たまりで足をあらっている。

2　本時のねらいを確認する。

「おてつだいのたいせつさについてかんがえよう。」

3　教材「サバンナの子供」を読んで話し合う。

（１）教師が範読したあと、各自、音読する。

（２）家族のためにラジャブがお手伝いをしていることを確認し、その大変さに気づかせる。

（３）「ラジャブは、どうして水くみを一どもいやだといったことがないのでしょう。」

・じぶんのしごとだから。

・かぞくのため。

・かぞくがよろこんでくれるから。

（４）「おてつだいがたいせつなのはどうしてでしょう。」

（５）「かぞくのやくにたつことには、どんなことがあるでしょう。」

・ごはんをつくる。　・ちゃわんをあらう

・せんたくものをたたむ。　・そうじをする

4　今日の授業を振り返り、感想をまとめる。

「今日の授業で感じたこと、考えたことを書きましょう。」

シート① **「イラスト１」**
イラストから実感的な内容として受け止めさせる。

シート② **「ねらい」**
本時のねらいを確認する際に貼る。学校統一のものがあればそれを使用する。

シート③ **「イラスト２」**
男の子ラジャブが水くみのお手伝いをしていることを確認する。

シート④ **「話し合い」「発問文」**
（３）の発問を貼った後で、「話し合い」シートを貼り、「話し合いではよく考えることとよく聞くことが大事。」と呼びかける。

シート⑤ **「イラスト３」**
ラジャブの家族の様子を見て考えさせる。

☆児童の考えはワークシートに書かせる。

☆道徳的価値の低い理由を選ぶ子がいれば、選んだ理由を聞き、是非を考える。

☆道徳ノートに継続して書いたり、ファイルに綴じたりして蓄積する。

考え、議論する道徳づくりのためのポイント

①　自由に考えさせる

３（３）では、児童に自由に理由を想像させている。自由に考えさせる発問である。写真を見て、家族の様子や生活の様子に着目させることで、想像するきっかけやヒントをつかませる。

②　自分のこととして考えさせる

お手伝いは、家族や自分にとってどんな意味をもつかを考えさせる。また、「もし、お手伝いをしなければどうなるのか」と問い、お手伝いの大切さに気づかせる。いずれも自分の問題として考えさせれば、より真剣に切実に考えることになる。

③　なぜかを問う

３（４）では、児童に「どうしてか」と問うている。何故か、どうしてかと問うことによって、児童はその理由を考える。また、友達の考えを聞くことで新たな考えに気づくことにもなる。

④　教師のコーディネート

いずれの発問も答えをただ取り上げるだけではなく、同じ意見をもつ児童にも理由を問い、つなげていく。そうすることで、家族の役に立つ仕事の多さに気づき、自分ができるお手伝いやこれからやってみたいお手伝いについて考えることができる。

教材の扱い方

外国の話であり、しかも生活環境が全く異なるが、イラストや写真を手がかりに理解させる。水くみ場までの距離などもしっかり押さえ、その上で手伝いの大変さを考えさせたい。

水くみは生活の一部とは言え、大変な仕事である。その仕事を支えているラジャブが、なぜ一度も嫌だと言わずに働くのかを、家族の一員としての役割という視点から考えさせたい。ラジャブの仕事が家族を支え、家族の喜びになっていることにも気づかせたい。

また、児童自身の生活や家庭における自分の役割を振り返らせ、お手伝いをすることの意味やお手伝いをすることで家族はどう思うのか、お手伝いをするときの自分の気持ちはどうなのか、などについても考えさせる。

さらに、自分の中にも家族の役に立ちたい気持ちがあることに気づかせ、進んで家の手伝いをすることで家族の役に立ち、それが喜びにつながっていることを自覚させたい。

日頃の児童の生活や日記などから、家族にまつわる話題を見つけて保護者にも提供し、児童が積極的に家族と交わり、家族の一員として役立つ喜びが実感できるようにする。

シートの意味・使い方・効果

イラスト１は、サバンナ地方の生活の様子を表すもので、イラスト２は、お手伝いをする男の子の様子を表すものである。生活の違いやお手伝いの大変さが実感的にとらえられるようにするために提示する。

「話し合い」シートは「話し合い」を行う際に、意識付けとして黒板に貼る。これを貼ることで、これから話し合いをするという、児童の意識を高める。同時に、他の意見もよく聞くことや自分の意見と比べながらよく考えることについても意識づける。慣れないうちは、その都度、話し合いの留意点等を確認するとよい。

評価のポイント

１　本時の中での評価のポイント

発問３（３）では、お手伝いは、家族の役に立つ仕事であると、自分事として気づいているか、発問３（４）では、家族の役に立つことが家族の幸せや喜び、自分の喜びでもあることに気づいているか、ワークシートへの記述や発言内容から見取り、記録する。

２　集積する記録や記述

道徳ノートやワークシートを集積し、関連する項目についての学習で、道徳性に係る成長の様子が認められるかについても着目したい。

Ⓒ 主として集団や社会との関わりに関すること　14 よりよい学校生活、集団生活の充実

教材名 先生からの　おうえんメッセージ

（『２年生のどうとく』文溪堂）

ねらい 先生を敬愛し、楽しく学校の生活を送ろうとする心情を育てる。
＊本教材については、巻末の103頁にテキストを掲載。

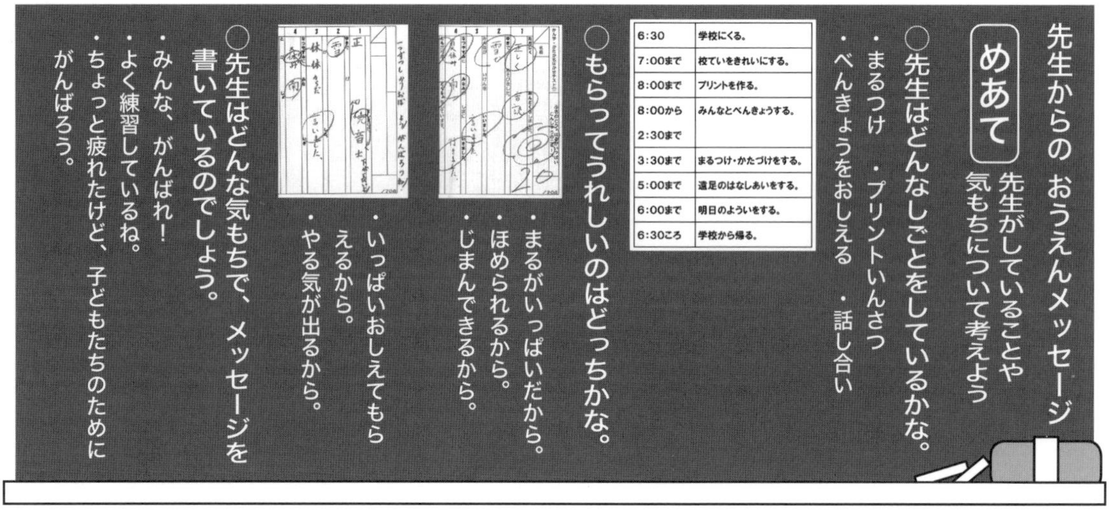

先生からの おうえんメッセージ
めあて
先生がしていることや気もちについて考えよう
○先生はどんなしごとをしているかな。
・まるつけ　・プリントいんさつ
・べんきょうをおしえる　・話し合い
6:30 学校にくる。
7:00まで 校ていをきれいにする。
8:00まで プリントを作る。
8:00から 2:30まで みんなとべんきょうする。
3:30まで まるつけ・かたづけをする。
5:00まで 遠足のはなしあいをする。
6:00まで 明日のよういをする。
6:30ころ 学校から帰る。
○もらってうれしいのはどっちかな。
・まるがいっぱいだから。
・ほめられるから。
・じまんできるから。
・いっぱいおしえてもらえるから。
・やる気が出るから。
○先生はどんな気もちで、メッセージを書いているのでしょう。
・みんな、がんばれ！
・よく練習しているね。
・ちょっと疲れたけど、子どもたちのためにがんばろう。

1　本時のねらいを確認する。

「先生がしていることや気持ちについて考えよう」

2　先生について話し合う。

（1）「先生はどんな仕事をしているでしょうか。

・丸つけとプリントの印刷。

・何かあったら電話する。

（2）「○がいっぱいついているプリントとあまりついていないプリント。どちらがもらってうれしいかな。」

（○をつけた拡大プリントを提示する）

・○がいっぱいついている方。
ほめられているということだから。

・○があまりついていない方。
先生がいっぱい教えてくれている気がするから。

3　教材について話し合う。

（1）教師の範読を聞く。

（2）「先生はどんな気持ちでメッセージを書いているのかな。」

・書くのは、疲れるけどちょっとでも書こう。

・よく練習しているね。

・分かるようになるといいな。

・みんな、がんばってね。

4　学んだことをワークシートにまとめる。

シート①「スケジュール表」

教師の仕事について、保護者も把握しきれていないこともある。写真等を利用して、時間のない中でも、児童のことを考えているという思いに気づかせる。

シート②「テストの拡大用紙」

２（3）の発問の時に二つのプリントを比較しやすいように、並べて配置する。理由が考えつかない児童には、自分がうれしいなと思うところに印をつけさせるなど話し合いに参加できるようにする。なかなか選べない児童には、立場を決める前に両方のうれしいなと思うところに印をつけさせるようにする。

☆早く書き終わった児童には、黒板の拡大したワークシートに印をつけさせ、考えがまとまらない児童への手がかりとする。

☆書き終わった児童には、自分との共通点や相違点を考えさせるようにする。

考え、議論する道徳づくりのためのポイント

① 教師の仕事を紹介する

話し合いを焦点化するために、各々が思い描く教師の姿も整理していく必要がある。また、児童があまり知らない教師の仕事を知ることは、価値の把握にもつながる。同じ知識を全体で共有することは、自分の意見を発表するための抵抗感を軽減するためにも有効である。

② 立場を選択させる

ワークシートに自分の考えを書かせることによって、自分の立場を明確にする。どちらの立場を選んでも、間違いはないことを伝え、安心して考えることができるようにする。この時、理由まで考えつかない児童には、印をつけることなどを促して、話し合いに参加できるようにする。

③ 「教師」役をさせる

自分が教師の立場なら、どんなことを考えるか想像させる。決まった台詞を話すだけではなく、つぶやきや動きなどを全員で見ながら、教師から児童への思いに気づかせるようにしたい。

実際に、ワークシートの丸つけなどをすると、自然に友達を応援しようという気持ちになることもある。

その時の気持ちを共感することが、あたたかな風土の話し合いにつながる。

教材の扱い方

本教材では、特別な出来事を描いているのではなく、どこの学校でも日常的に行われている出来事を描いている。

教師が漢字テストの丸つけをし、児童の頑張りに目を向けることは日々行われていることである。毎日淡々と繰り返していることではあるが、そこには、児童への愛情がある。しかし、毎日何事もなく繰り返されていることで、ともするとその愛情が児童から見えないことがある。

教師のささやかな行為ではあっても、そこには愛情がこめられていること、その行為には児童を大切に思う気持ちが込められていることに気づかせることを意識してこの教材を扱いたい。

また、学校に自分の居場所があると考えることは、児童の学校や学級への帰属意識を満たし、大きな心の支えになっていく。

特に次のポイントは読み取らせたいポイントである。

1　教師が正しい字を書いて、メッセージを書いていること（愛情）
2　児童の頑張りを教師が見ていること（頑張りを認めていること）
3　教師は、一人ひとりのテストを見て、丸つけをしていること（全員を大切にしている思い）

シートの意味・使い方・効果

ワークシートで、採点された二つのプリントを比較させる。児童によっては単純に○が多いプリントをよしとするかもしれないが、他の意見を聞くことで、○がたくさんついていることだけが、教師から認められているということではないと気づかせることができる。今までの生活での教師とのかかわり方の経験が様々であることを踏まえ、そのどれもが教師からの愛情であり、自分が大切にされている存在なのだと意識づけられるようにしたい。

評価のポイント

1　本時の中での評価のポイント

話し合いの様子を見て、自分の考えを広げたり深めたりしている児童を見取る。

特に2（2）の「どちらがもらってうれしいか」という発問に対して、他の児童の考えを聞き多面的に考えられるようになったかを見取る。

2　ワークシートでの振り返り

授業の振り返りとして、本時の授業で学んだことや考えたことを書かせたり、友達の意見を聞いて、よかったなと思うところを書かせたりすることで、他の意見と自分の考えをどのように比較しているかを見取る。

Ⓒ 主として集団や社会との関わりに関すること　14 よりよい学校生活、集団生活の充実

教材名 学校の　生活を　楽しく

（『わたしたちの道徳　小学校１・２年』文部科学省）

ねらい 学校で働く人々に親しんで、学級や学校の生活を楽しくする。
＊本教材については、文部科学省の HP よりダウンロード可。

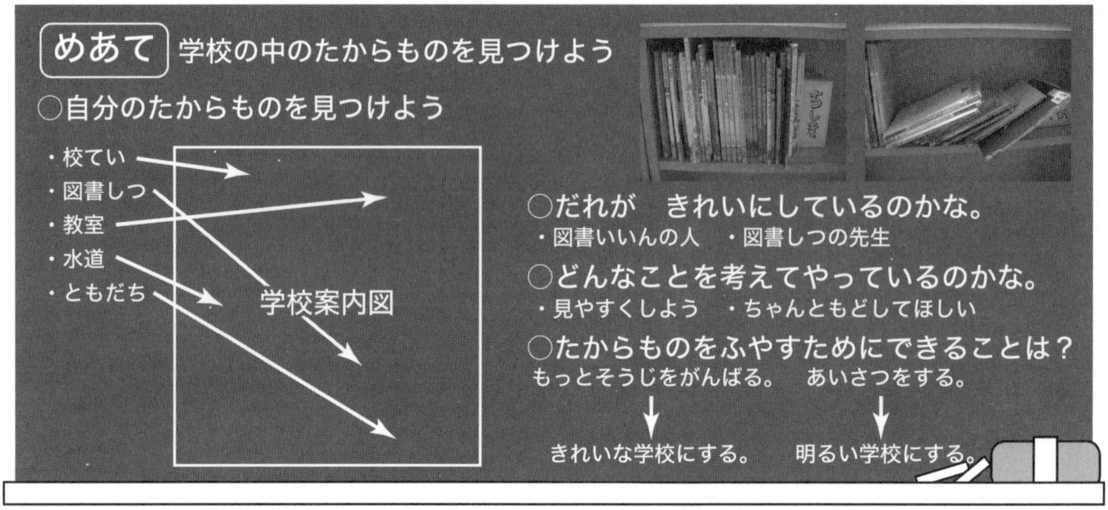

1　本時のねらいを確認する。

「学校の中のたからものを見つけよう」

2　自分が好きな場所や物について話し合う。

「学校の中で好きな場所や物と、理由を考えましょう。」
（自分の考えは『わたしたちの道徳』に記入してもよい。）
・校庭　みんなで遊べる場所だから
・図書室　本が好きだから

3　学校で働いている人について話し合う。

（1）図書室の本棚の写真を見せる（中休み直後と昼休み）。
（2）それぞれの写真を見た感想を発表させる。
（3）「誰がこんなに綺麗にしてくれたのかな。」
・図書委員の人かな。
・でも、授業中だから図書室の先生じゃないかな。
（4）「どんなことを考えながら、片づけてくれたのかな」
・本をいっぱい読んでほしいな。
・もっと見やすいようにしよう。
・みんな、ちゃんと戻してくれないかな。

4　自分たちがたからものを増やすためにできることを考える。

・掃除をもっとがんばってきれいな学校にしたい。
・あいさつをいっぱいして、明るい学校にしたい。

シート① **「本棚の写真」**

図書室の本が整っていることは当たり前だと感じている児童もいる。
身近な例で考えることによって、自分たちの学校生活が様々な人の愛情で成り立っていることに気づかせたい。

シート② **「学校の案内図」**

学校には、どんなものがあるか、どんな人が働いているのかを想起するために用いる。生活科の学校探検で使ったものがあれば、そのまま使える。

☆多様な考えが予想される。
答えを一つ決めることが大切ではないことを伝える。どこに決めても、必ず関わっている人を考えさせることで、話し合いにつながる。

☆本時では『わたしたちの道徳』の記入欄を用いて児童に考えを記入させてもよい。

考え、議論する道徳づくりのためのポイント

① 今までの学習や生活と結びつける

生活科等の学習経験を生かして考えるようにする。児童は、学校探検等今までの経験で様々な人が学校のために働いていることは知っている。

しかし、それが当たり前のことになっていたり、自分たちのことを思っていることに気づいていなかったりすることがある。より実感を伴った話し合いにするために今までの学習の足跡が分かるような教材があれば、それを用いるようにする。

② 身近な問題を扱う

本時では、誰が学校で働いているかということに留まらず、どんな思いをもっているかということまで考えを深めていく。児童にとって身近であることは、働く人の立場に立って考えやすいと言える。実際に働く人にインタビューをするなど思いに迫れる場面を設定する。

③ キーワードを用いる

本時では、ねらいにせまるキーワードとして、「たからもの」という言葉を用いた。抽象的な表現を考える糸口とすることで、自分の言葉に置き換えたり、より具体的な言葉を考えたりすることができる。

また、「たからもの」という表現が自分だけのものであってもよいという安心感をあたえ、自分の意見に自信をもてるようになる。

④ 教師のコーディネート

児童の思考が、どんな人が関わっているかの正解に向かいがちである。問い返しや少数意見の取り上げ、話し合いの中での声かけなどで焦点化していくことが大切である。

教材の扱い方

本教材では、図や写真を通して今までの学校生活を想起することができる。また、自分の好きな場所や物を考えさせることによって、自分の生活に様々な形でたくさんの人が関わっていることにも気づける。

それらを通して、様々な人と親しみ、学級や学校の生活を楽しくしようという思いを育てたい。

また、書き込んだものを見せ、学校のよさを伝えるなど家庭や地域との連携も図れる。

特に次のポイントは気づかせたいポイントである。

1　学校には、自分が好きなものがあること（自分の学校への思い）

2　学校には、自分たちのために働いている人がいること

3　働いている人の自分たちへの思い

シートの意味・使い方・効果

写真を提示する際、いつも自分たちが使っている本棚など身近なものを選ぶことは、ねらいにむかって主体的に考える上で、効果的である。

好きなものや場所を考える時に、他教科や領域で用いた教材を使うことで、児童は今までの生活や学習を想起しやすくなる。

給食室の様子など、児童が実際に入って見られないところなどは、写真を見せたりすることで、より実感を伴って考えられるようにするとよい。

評価のポイント

1　本時の中での評価のポイント

話し合いの様子を見て、自分の考えを広げたり深めたりしている児童を見取る。

特に4の「自分にできることを考える」場面では、それまでの学習を通して、自分が努力すれば、たからものを増やすことができるという考えをもつことができたかを見取る。

2　記述内容による評価ポイント

『わたしたちの道徳』への記述内容によって、自分が学校で好きなものや場所を考えているか、授業をふまえて、みんなができることを考えているか、を見取るようにする。

Ⓒ 主として集団や社会との関わりに関すること　15 伝統と文化の尊重、国や郷土を愛する態度

教材名　おじいちゃんの　すきな　川

（オリジナル教材）

ねらい 我が国や郷土の文化と生活に親しみ、愛着をもつ。

＊本教材については、巻末の104頁に掲載。

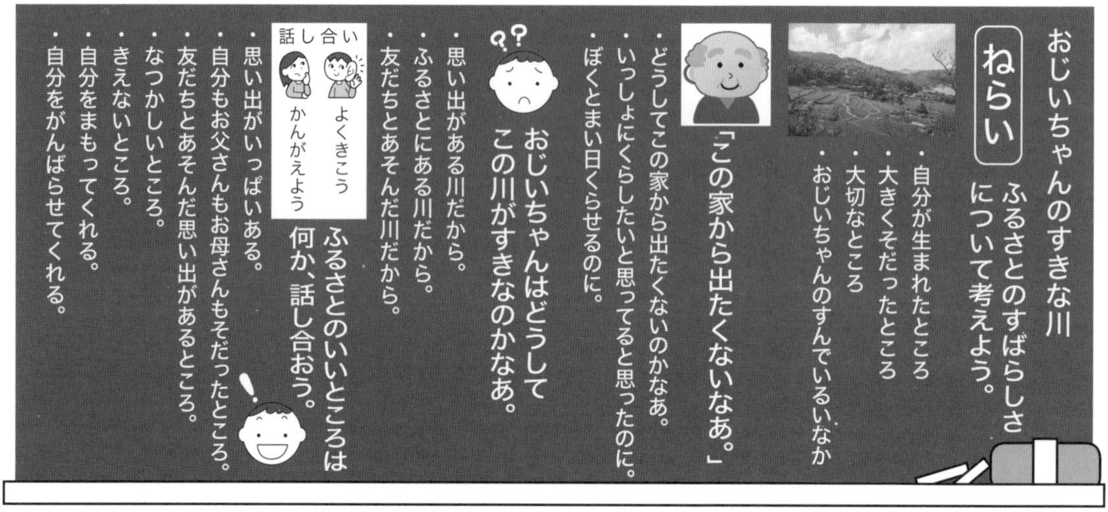

1　ふるさとってどんなところか、自由に発表する。

・生まれたところ　・育ったところ　・大切なところ

2　本時のねらいを確認する。

「ふるさとのすばらしさについて考えよう。」

3　教材を配付し範読後、児童が各自音読する。

4　教材「おじいちゃんのすきな川」を読んで話し合う。

（1）「おじいちゃんが『この家から出たくないなあ。』と言った時、しょうたはどんな気持ちだったろうか。」

・どうして出たくないのかなあ。

・ぼくといっしょにくらせるのになあ。

（2）「おじいちゃんはどうしてこの川が好きなのでしょうか」

・思い出がある川だから。

・ふるさとにある川だから。

・友達と遊んだ川だから。

（3）「ふるさとのいいところはどんなところだと思いますか」

・思い出がたくさんある。　・なつかしい。

・自分を守ってくれる。　・頑張らせてくれる。

・自分もお父さんもお母さんも育ったところ。

5　今日の授業を振り返って、感想をまとめる。

「今日の授業で、気づいたことや考えたことを書こう」

シート①「ふるさとの写真」

ふるさとの写真を貼り、子供たちの関心を高め、意見が出やすくする。

シート②「ねらい」

本時のねらいを確認する際に貼る。学校統一のものがあればそれを使用する。

シート③「イラスト　おじいちゃん」

おじいちゃんのイラストを見ることで、しょうたの気持ちを想像しやすくする。

シート④「顔の表情のイラスト」「話し合い」

考えている表情カードで、じっくりと考える必要性を理解させる。「話し合い」シートを貼り、話し合いでは、よく考えることとよく聞くことが大事だと呼びかける。

☆自分の考えは、ワークシートに書かせる。

☆守ってくれる、頑張らせてくれる、などの意見に対しては、「例えばどういうこと」などと問い返したい。

☆道徳ノートに継続して書いたり、プリントをファイルに綴じたりして蓄積する。

考え、議論する道徳づくりのためのポイント

①　自由に発言させる

本授業は、ふるさとのすばらしさについて考えることをねらいとしている。しかし、児童は普段ふるさとを意識することはほとんどない。そこでまず、ふるさとの写真を見せながら、ふるさとに対する印象を自由に発表させる。自由に発表させることで、児童の発想が広がり発言につながっていく。

②　話し合いカードの活用

「話し合いカード」を黒板に貼り、「考える」ことと「よく聞く」ことの大切さを強調する。友達の意見を真剣に聞き、聞いて考えた上でまた自分の意見を述べる。低学年の話し合いはそれで十分である。

③　同様の内容を問う

本授業では、はじめにふるさととはどういうものだと思うかを自由に発言させ、終末でも、ふるさとのよいところを問う。文言は違うが、問うている内容は似ている。改めて問われることで、児童は自分事として考えるようになる。

④　問い返して具体化させる

低学年の児童には、耳に心地よい観念的な言葉を言う子が比較的多い。それをそのまま板書しただけでは学びにはならない。教師が児童の発言に対して敏感に問い返し、その内容を具体的にすることが大切である。それによって全員の学びが深まる。

教材の扱い方

自作教材である。主人公のしょうたは毎年夏休みになると、田舎の祖父の家に一人で遊びに行く。祖父は今では田舎の家に一人で暮らしている。自然の中を祖父と思い切り遊んで満足したしょうたは、ある日祖父に、父母が一緒に住もうと言っていることを話す。祖父が喜んでくれると思っていたしょうたは、「おじいちゃんはこの家から出たくない」という祖父の言葉を聞いて、その理由が分からなくなるという話である。

普段はふるさとについて考えたこともないと思われる低学年の児童に、ふるさとについて考えるよい機会となるだろう。祖父は孫のしょうたもその父母も好きで、一緒に住むことはうれしいが、自分の住む家から出たくないと言う。祖父はどうして家から出るのが嫌なのか、どうしてこの川が好きなのか、そのことを考えさせることで、祖父にとってのふるさとがかけがえのないものであることに気づかせたい。

そのことからさらに、しょうたにとってのふるさと、児童自身にとってのふるさとについて考えるきっかけとしたい。

シートの意味・使い方・効果

写真は教材文の舞台に合う写真を用いたが、学校の周辺に似たような風景があれば、それを使った方が児童の関心を高めることができる。街中の学校であっても、周辺でふるさとを想起させる風景を探して用いたり、児童に聞いたりしてもよいだろう。

祖父の顔のイラストや、2種類の表情のイラストは児童が感情移入をしたり、やるべきことを明確にしたりするために用いる。また、話し合いカードによって「考える」ことの大切さを指導する。

話し合いカード、表情のイラストは、普段の学習でも用いることでより効果的に使えるようになる。

評価のポイント

1　本時の中での評価のポイント

4の（2）（3）の発問で、ふるさとについて多面的・多角的に考えているかどうかを見取りたい。また、冒頭の意見と発問（3）に対する考えを比較し、この授業の中で児童の見方考え方に変化があったかどうかも見取りたい。

2　集積する記録や記述

道徳ノートやワークシートを集積し、本時での感想や意見が、「家族愛」「自然愛護」「友情」などの価値についての学習をした際の意見と、どのように関連するかを見取りたい。

Ⓒ 主として集団や社会との関わりに関すること　15 伝統と文化の尊重、国や郷土を愛する態度

教材名 ぎおんまつり

（『わたしたちの道徳　小学校１・２年』文部科学省）

ねらい 我が国や郷土の文化と生活に親しみ、愛着をもつ。
＊本教材については、文部科学省の HP よりダウンロード可。

1　自分たちの町の自慢を考えて発表する。
「町で自慢できる場所や行事にはどんなものがあるかな？」

2　教材を配付し範読後、児童が各自音読する。

3　本時のねらいを確認する。
「ふるさとのすばらしさについて考えよう。」

4　教材「ぎおんまつり」を読んで話し合う。
（1）祇園祭について教師がまとめ説明する。
（2）「ぼくがおはやしの練習を「やめたい」と言ったのはどうしてだろうか。」
（3）「そんなぼくが、おはやしをやめずに続けたのはどうしてだろうか。」
（4）「みんながぼくの立場だったら、お父さんの言葉のどこに一番励まされるかな」
・みんなそうやってまつりをまもってきたというところ。
・おとうさんも子供のころしかられたというところ。
（5）「最後の場面で、ぼくが練習を続けてきて本当によかったと思ったのはどうしてだろうか。」

5　今日の授業を振り返って、感想をまとめる。
「みんなの町の自慢できる場所や行事がずっと続くように、これからどんなことをしたいか考えてみよう。」

シート① **「イラスト鉾」「祇園祭写真」**
祇園祭のイラストと写真を掲示して、児童の関心を高め、理解を促す。

シート② **「ねらい」**
本時のねらいを確認する際に貼る。学校統一のものがあればそれを使用する。

シート③ **「イラスト　ぼく」**
ぼくが練習するイラストを中心に掲示し、ぼくの心情を考えやすくする。

シート④ **「顔の表情のイラスト」**
「話し合いカード」
考えている表情カードで、じっくりと考える必要性を理解させる。「話し合い」カードを貼り、話し合いでは、よく考えることとよく聞くことが大事だと呼びかける。

☆４（４）についての児童の意見は板書はしないで、自由に発表させる。
☆自分の考えは、まずワークシートに書かせるようにする。
☆道徳ノートに継続して書いたり、プリントをファイルに綴じたりして蓄積する。

考え、議論する道徳づくりのためのポイント

① イラスト・写真の活用

本授業では、祇園祭に関するイラストと写真を用いている。イラストは本文中のものである。祇園祭は地域によっては児童になじみが薄いので、その雰囲気を分からせるために写真は有効である。写真を見ることで祇園祭への関心も高まる。

② ワークシートに書かせる

道徳の授業では、教師が発問してすぐに児童が答えることが比較的多い。しかし、それでは考えるのが苦手な子、反対にじっくりと考えたい子が発言するチャンスが少ない。ワークシートにまず自分の意見を書かせることで、誰もが発言できるようになる。

③ 構造的な板書

本授業では、練習するぼくの心情の変化を対比させて考えるため構造的な板書とした。構造的に板書することで、児童はぼくの心情の変化を比べながら考えることができる。それによって多面的・多角的な見方ができるようになる。

④ 問い返して具体化させる

4（3）の発問に対して、児童から「おまつりをまもりたいから」などの答えが出ることがある。板書するだけで終わってしまうと、他の児童にその意見の意味するところが伝わらない。ここは教師が問い返して詳しく聞くことが大切だ。

教材の扱い方

本教材は、祇園祭にお囃子として参加するぼくが主人公である。何度も練習をしているのだが、なかなか上達しない。それどころか叱られてばかりいる。それで「もうやめたい」とお父さんに言ってしまうが、お父さんから「みんなそうやって千年も続く祇園祭を守ってきたのだ」と諭され、練習を続ける。練習が実って、当日は鉾の上で気持ちよく鐘を叩き、「続けて本当によかった」と思う、という話だ。

主人公ぼくの努力と強い意志も読み取れる教材だが、本授業のねらいはふるさとのすばらしさを考えるところにある。そのため、ぼくの努力や頑張りをふるさとへの思いと関連づけて考えさせたい。

そのためには、ぼくが一度はくじけそうになりながらも、練習を続けられたのはどうしてかについて考えさせる。その理由はお父さんの励ましだけでなく、祭りを守っていくという、一段高いところにある理由だったことに気づかせたい。

そこからさらに、ふるさとのよさを守るためには、守っていこうとする努力もまた必要だということに気づかせることができると最高である。

シートの意味・使い方・効果

祇園祭の写真は、祭りの華やかな様子が分かる写真が望ましい。ただ、黒板に貼れる大きさでは児童からよく見えないことも考えられる。印刷したりデジタルテレビで見せたりしてもよいだろう。

ぼくの練習の様子のイラストは本文中のイラストを拡大したものだ。これを黒板の中心に据え、上部にねらいを書くことで、ぼくの心情とねらいとをリンクさせて考えることをねらっている。ねらいカードは横書きである。

話し合いカード、表情イラストも児童の活動を明確にするために常時用いるようにしたい。

評価のポイント

1 本時の中での評価のポイント

4の（3）（5）の発問で、主人公がふるさとの祭りにどのように関わっていこうとしているのかを考えることで、ふるさとに対する児童の思いを見取る。また、4（4）の発問では、児童が自分事として捉えることができているかどうかを見取る。

2 集積する記録や記述

道徳ノートやワークシートを集積し、本時での感想や意見が、「家族愛」「自然愛護」「友情」などの価値についての学習をした際の意見と、どのように関連するかを見取りたい。

教材名 ローラの　なみだ

（『生きる力』日本文教出版）

ねらい 容姿や言葉が異なっても、同じ「人」として、外国の人と親しくしようとする心情を育てる。
＊本教材については、巻末の105頁に転載。

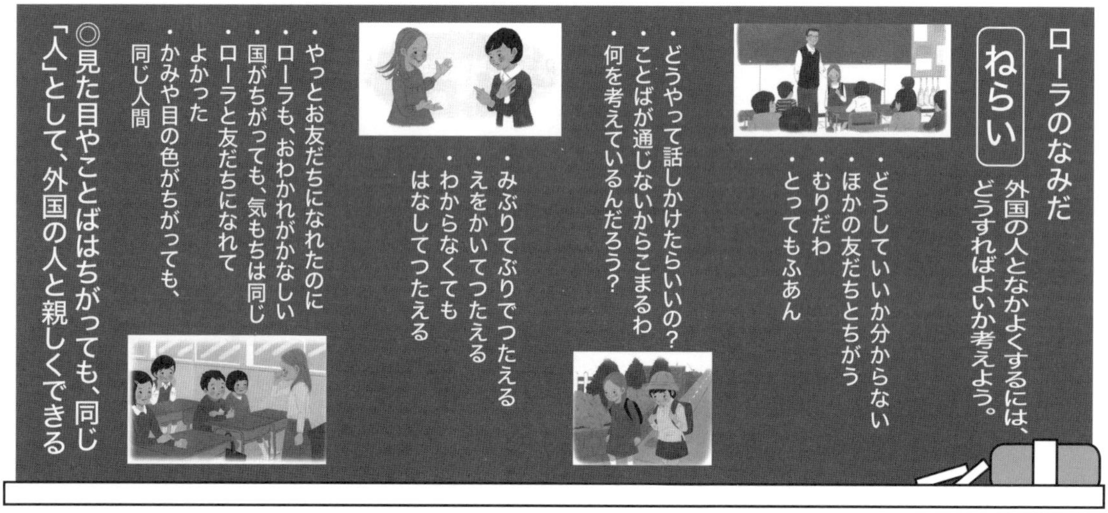

ローラのなみだ
ねらい
外国の人となかよくするには、どうすればよいか考えよう。
・どうしていいか分からない
・ほかの友だちとちがう
・むりだわ
・とってもふあん
・どうやって話しかけたらいいの？
・ことばが通じないからこまるわ
・何を考えているんだろう？
・みぶりてぶりでつたえる
・えをかいてつたえる
・わからなくても
はなしてつたえる
・やっとお友だちになれたのに
・ローラも、おわかれがかなしい
・国がちがっても、気もちは同じ
・ローラと友だちになれて
よかった
・かみや目の色がちがっても、
同じ人間
◎見た目やことばはちがっても、同じ
「人」として、外国の人と親しくできる

1　先生から、「いろいろ教えてあげてね。」と言われたとき、よし子はどんな気持ちだったでしょう。
・言葉が通じないからどうしよう
・外国の人だから、どうしたらいいか分からない
・私には、無理かもしれない

2　ローラに話しかけることができなかったとき、よし子はどんな気持ちだったでしょう。
・言葉が通じないから、どうしよう
・何かはなしかけなくちゃ

3　もしもみなさんがよし子だったらその時どうしますか。
・身振り手振りで伝える
・絵にかいて伝える
・分からなくてもいいから一生懸命話す

4　ローラの目から涙がこぼれたのを見たとき、よし子はどんなことを考えていたでしょう
・言葉が通じなくても友達になれる
・国は違っても、気持ちは同じ
・ローラも私と同じで、悲しいんだわ

5　本時の授業まとめ
「今日の授業で、感じたことや考えたことをまとめよう」

シート① **イラスト1**
知らない場所に来る子の気持ちを考えさせたり、転入生に接する時の不安を考えさせたりすることで、物語を身近なものにさせる。

シート② **イラスト2**
言葉が通じないと、どんなことに困るのかを考えさせながら、よし子の気持ちに近づける。

シート③ **イラスト3**
実際に言葉を使わずに気持ちを伝える活動を取り入れて、言葉がなくても気持ちが通じる心地よさを味わわせる。

シート④ **イラスト4**
周りの子の反応と、よし子の反応とが異なっていることを確かめさせる。
なぜ、よし子は、ローラが何を伝えているのかが理解できたのか、考えさせる。
☆人の気持ちは、言葉ではなく、心で伝えることができることに気づかせる。

考え、議論する道徳づくりのためのポイント

①　自分事として考えさせる

転入した経験がある児童は少数であるが、誰もが、入学やクラス替えなどで、知らない人の中に一人で飛び込む不安を経験したことがある。その時の気持ちを思い出させることで、ローラとよし子の気持ちを理解しながら、学習することが可能になる。

自分の事として考えさせることで、活発な意見交流ができる。

②　「もしも」で考えさせる

低学年の児童は、「もしも」で考えることが好きである。「もしも、言葉が通じなかったとしたらどうするか？」という発問を投げかけることで、児童は想像力を発揮して真剣に考えるようになるだろう。

教師が思いもつかないような意見が飛び交う可能性がある。時には調子に乗り過ぎて、悪ふざけにならないとも限らないので、教師が授業を制御しながら、児童の意見を出し合わせることが、話し合い活動を活発に行うためには必要である。

③　ロールプレイを取り入れる

特に低学年の児童は、言葉による説明だけで人の気持ちを理解することは難しい。そこで、ロールプレイなどで実際に体を動かしながら考えさせる。そうすることで、言葉が通じない不自由さや、身振り手振りで気持ちを伝えられた時の感動といったものを、理屈抜きで感じさせ理解させることが容易になる。自分の心で感じたことだから、意見交流も活発かつ有意義なものにすることができる。

④　教師の思いを語る

言葉が通じなくても、容姿が異なったとしても、同じ人間として、「善悪」「感性」「心情」などは、通じ合うことができる。国際理解・国際親善は、言葉や人種の壁を越えて、人として触れ合うことが重要であるという意識を教師が持ち、その思いを児童に語って伝えることも大切である。

教材の扱い方

世の中のグローバル化が急速に進んでいる今日、教育界も、グローバル化への対応が求められており、小学校低学年から、国際理解・国際親善について十分に考えさせる必要がある。グローバル化・国際化について考えさせるためには、世界の国々や文化伝統などについて教えていけば良いというわけではない。

特に小学校低学年の児童にとっては、「外国」と言われても自分とは全く関係のない世界である。どのように外国や外国の人々について認識させるかという問題もある。

本教材は、「転入生」という児童にとって身近な話題であり、児童が自分事として考える場面を設定しやすい教材である。

同じ人間として外国人も日本人も関係はなく、気持ちを通じ合わせることも、理解し合うことも可能であるということを伝えたい。容姿や言葉は異なるが、不安や喜びを抱く同じ人間として、世界と付き合っていくことの大切さを児童が感じられるように本教材を扱っていきたい。

シートの意味・使い方・効果

物語の内容を、全員が確認できるように、教材文「ローラのなみだ」のイラストと同じものを拡大して掲示する。それぞれのイラストには、物語の四つの重要な場面が描かれている。そのため、黒板に貼って提示することで、児童が課題を考える際に、効果的に使用することができる。

評価のポイント

1　本時の中での評価のポイント

自分も、隣の友達も、外国の人も、感情を持つ同じ人間であることに気づき、たとえ言葉が通じなくても、気持ちを伝えることができること、何らかの方法でコミュニケーションをとることの大切さに気づいているかどうかを見取る。

Ⓒ 主として集団や社会との関わりに関すること　16 国際理解、国際親善

教材名　ほかの国のことを知ろう

（『わたしたちの道徳　小学校１・２年』文部科学省）

ねらい 世界には多くの国があり、様々な人が多様な文化を作っていることに気づく。
＊本教材については、巻末の106頁参照。

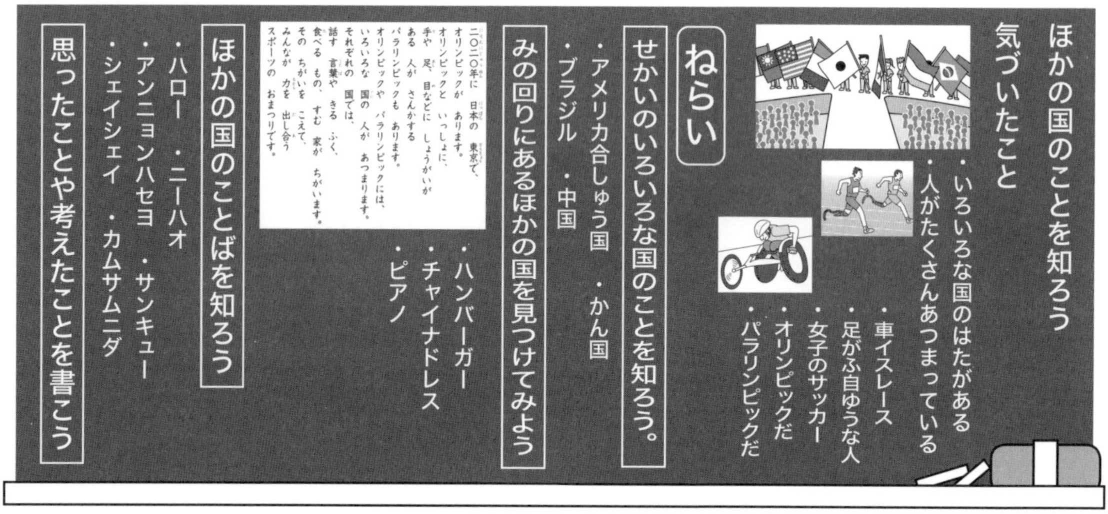

1　写真を見て気づいたことを発表する。
・国旗がたくさんある　・人がたくさん集まっている
・足が不自由な人が競争している

2　本時のねらいを確認する。
「せかいのいろいろな国のことを知ろう。」

3　外国について知っていることを出し合う。
（1）知っている国を出し合う
（2）教材文を読み、様々な国があり様々な文化があることに気づかせる
（3）言葉や服、食べ物など知っているものを出し合う
「他の国からきたものを見つけてみよう」
・ハンバーガー　・トランプ　・チューリップ
（4）他の国のあいさつの仕方を知る（64、65頁）
「『こんにちは』『ありがとう』を他の国ではどんなふうに言うのかな。」
・ハロー　・ナマステ　・ニーハオ
・アンニョンハセヨ　・サンキュウ
・シェイシェイ　・カムサムニダ

4　本時の授業のまとめをする。
ほかの国の子に出会ったら、みなさんだったらどんなことをしたいですか。それはどうしてですか。

シート①「イラスト１、２」
教科書と同じ場面のイラストだが、前に貼ることで、全員で同じ課題に取り組む意識を高める。

シート②「ねらい」
本時のねらいを確認する際に貼る。学校統一のものがあればそれを使用する。

シート③「他の国の文化を知る」
他の国の言葉や服装、食べ物など、外国の様々な文化について、知っていることを出し合わせる。
児童が意見を出しやすいように、教師が例示したり出された児童の意見を取り上げたりして、場の雰囲気を盛り上げる。

☆世界の中に日本があることを意識させる。
☆日本に溶け込んだ外国文化に気づかせる。
☆他の国の文化を軽んじる態度が見られた場合は指導する。

考え、議論する道徳づくりのためのポイント

①「あれども見えず」に気づかせる

現在は、様々な国の文化が日本に入ってきている。児童は、それらが外国からやって来たものであることに気づいていないことが多い。

そこで、まず授業を通して、カルタやトランプなどのゲームのルーツが他の国にあることを知り、スパゲティーやラーメンが元は外国からやってきたものであることに気づかせる。

児童は「日本に当たり前にあると思っていたものが、実は、遠い外国からやってきたものだった」ということを知って驚くだろう。その驚きを表現させることで発言を引き出すことができる。また、新しい知識に触発されて気づいた外国の言葉を、児童は進んで発言したがるだろう。

② 様々な国や文化に興味を持たせる

児童が知っている、外国に対する知識を交流させたり、調べさせたりすることによって、外国についての知識を広げさせるようにする。知識を広げることによって、新たな感想や考えをもつことができ、友達同士での意見交換にも意欲的になれる。

③ 多様性・異質なものへの寛容

他の国の文化を認め敬う気持ちは、多様な考えや、自分とは異なるものを受け入れ認める気持ちなくしては育つことはない。そこで、他の国の文化に対してはもちろんの事、児童が意見交流をする時に、他の児童の意見を軽視するような態度が見られたら、その都度指導し改善していくようにすることが重要である。

教材の扱い方

グローバル化が一層進むことによって、児童には今後ますます優れた国際感覚が必要になる。将来、様々な国や地域の人々と生きていくことになる児童には、多様な文化に触れて、受け入れ理解する力も必要になる。

本教材は、オリンピック・パラリンピックをテーマとしている。様々な国から人が集い競うことの素晴らしさを身近に感じとらせたい。特に、2020年には東京オリンピックが開催されるということで、しばらくの間、日本中にオリンピックに対する情報が豊富に流れることになるだろう。そのような時期に、児童が外国を身近に感じることのできる教材を扱うことは、国際理解・国際親善を児童自身のこととして捉えさせるために大いに効果がある。

外国語科や生活科においても、国際理解を学ばせることのできる場面は増えていくと考えられる。道徳科に限らず、様々な教科・領域の中で、児童の国際感覚を育てる取り組みが必要になってくる。

シートの意味・使い方・効果

児童それぞれが、自分の手元にある教科書の写真やイラストを見ることも必要である。しかし、大きくしたものを教室の前に掲示することによって、クラスの「みんなで」同じ課題を考えるという意識をもたせたい。国際理解・国際親善の基本は、相手を認め敬う気持ちである。友達と同じ教室で学び意見交流することによって、他者を理解し自分と異なる意見を受け入れ敬う気持ちが培われる。

教材の掲示の仕方や、教材を提示するタイミングなども、学習効果を上げるために重要なものである。

評価のポイント

1 本時の中での評価のポイント

自分たちの身の回りに、たくさんの外国の文化があることに気づかせる。そして、身近にある外国から来た文化を見つけようという意識に変わったかどうか、に加えて、友達の意見を受け入れ認める姿勢も評価のポイントとしたい。

2 感想文やメモの分析

友達との意見交流や教材への理解を通して、どのような変化が生じたかを、感想文やメモを分析することで、評価していく。

教材名 たんじょう日

（『みんな　たのしく　どうとく２』東京書籍）

ねらい 生きることのすばらしさを知り、生命を大切にしようとする。

あらすじ 誕生日にお母さんと一緒にアルバムを見ながら、生まれた頃の話を聞くなつこ。小さく生まれたなつこのために、お母さんは毎朝、病院にお乳を届けていた。でも、それを大変とは思わなかったというお母さんの思いを知ったなつこは、すばらしい誕生日プレゼントをもらったと思った。

1　イラストについて知っていることを発表する。

・赤ちゃんが入っているところ　・赤ちゃんをまもる箱

2　本時のねらいを確認する。

「いのちのすばらしさについて考えよう」

3　教材「たんじょう日」を読んで話し合う。

（１）教師が範読したあと、各自、音読する。

（２）保育器に入っていたなつこさんのために、お母さんがしたことを確認し、その大変さに気づかせる。

（３）「お母さんはどうして大変だと思わなかったのでしょう」

・子供に元気になってほしいから

・抱けなくて寂しい気持ちの方が強かった

・もしものことがあったらと心配する気持ちが強かった

・命は大事なものだから、大変だとは思わない

（４）「みんながなつこさんだったら、お母さんに何て言いたいですか」

・お母さん、ありがとう。

・お母さんが守ってくれた命を大事にするね。

（５）「すばらしいプレゼントって何だと思いますか」

4　今日の授業を振り返って、感想をまとめる。

「今日の授業で、気づいたことや考えたことを書こう」

シート①「イラスト１」

イラストを貼ることで、児童の関心を高め、意見が出やすくする。

シート②「ねらい」

本時のねらいを確認する際に貼る。学校統一のものがあればそれを使用する。

シート③「イラスト２」

保育器のなつこと今のなつこを比べられるようにする。

シート④「話し合い」
「発問文」

（３）の発問を貼る前に、お母さんが大変だと思ってないことを確認する。発問を貼った後で「話し合い」シートを貼り、「話し合いでは、よく考えることとよく聞くことが大事。」と呼びかける。

☆考えは、ワークシートに書かせる。

☆道徳的価値の低い理由を選ぶ子がいれば、選んだ理由を聞き、是非を考える。

☆道徳ノートに継続して書いたり、プリントをファイルに綴じたりして蓄積する。

考え、議論する道徳づくりのためのポイント

① 意外性に気づかせる

母親の行動の大変さは児童には分からない。そこで母親の行動がいかに大変かを、具体的に児童に説明をする。その上で、母親はそのことを大変だとは思っていないことに気づかせる。この意外な事実が児童の思考を刺激し、より深く考えることを促す。

② 自由に考えさせる

話し合いを始める際に、「考える」ことの大切さを強調し、自分の考えを持つよう励ます。自由に考えることによって多様な考えが出、多様な考えに触れることで、自分の考えが刺激される。

③ 自分のこととして考えさせる

自分だったらどうするかということを考えさせることで、児童は課題を自分自身の問題として捉え始める。自分の問題として考えれば、より真剣に切実に考えることになる。

④ 教師のコーディネート

いずれの発問でも、児童の意見をそのまま取り上げて板書しただけでは広がりも深まりもない。児童の意見に対して、時にはその理由を問い、時には他の児童に是非を判断させることが必要である。特に観念的に「命は大事」と理解して安心してしまうことのないように留意したい。

教材の扱い方

なつこは小さく生まれたため、生後40日間は保育器に入っていた。母親はそのために、毎日母乳をしぼって哺乳瓶に入れ、病院まで届けていた。

産後の大変な時期に、毎日母乳をしぼって病院へ届けるということは、大変な苦労である。しかし、この苦労は子供には分からない。そこで、この大変さをぜひとも児童に分かるように説明したい。

そして、その上で、それでも母親はそれを少しも大変だと思わないことに気づかせる。そのことによって児童は、母親の愛情の深さと、それほどの深い愛情をもって守るべき我が子の命の尊さを、間接的に知ることになるのである。

母親はどうして大変だと思わないのか、という発問に対し、我が子の命を守るためならば、そのようなことは苦労のうちに入らないということを、児童から引き出したい。そのためには、児童の発言の中から関連する内容をとらえ、切り返したり全体に問い返したりすることが必要になる。

生活科の学習と関連させたり、授業参観で親子で考えてみたりしてもよいのではないだろうか。

シートの意味・使い方・効果

イラスト１は、保育器に入っていた頃の様子で、イラスト２は現在の母子を描いたものである。両者を対比できるように掲示することで、保育器の中の赤子が、今はこのように育って誕生日を明るく迎えられるようになっていることを押さえたい。

「話し合い」シートは「話し合い」を行う際に、意識付けとして黒板に貼る。これを貼ることで、これから話し合いをするという、児童の意識を高める。話し合いというと、どうしても「話す」ことに注力されがちだが、自分の考えをもつことの大切さについても意識付けたい。

評価のポイント

1 本時の中での評価のポイント

発問（３）では、多面的・多角的に命の大切さについて考えているかどうか、発問（４）では、自分との関わりの中で、命の大切さを考えているか、ワークシートへの記述や発言内容から見取っていきたい。また、何度も発言する子や、発言に道徳性に係る成長が認められるかにも留意したい。

2 集積する記録や記述

道徳ノートやワークシートを集積し、関連する項目についての学習で、道徳性に係る成長の様子が認められるかについても着目したい。

Ⓓ 主として生命や自然、崇高なものとの関わりに関すること　17 生命の尊さ

教材名 ハムスターの赤ちゃん

（『わたしたちの道徳　小学校１・２年』文部科学省）

ねらい ハムスターの赤ちゃんの力強い成長を通して、生きていることの素晴らしさを感じ取ることができる。

＊本教材については、文部科学省の HP よりダウンロード可。

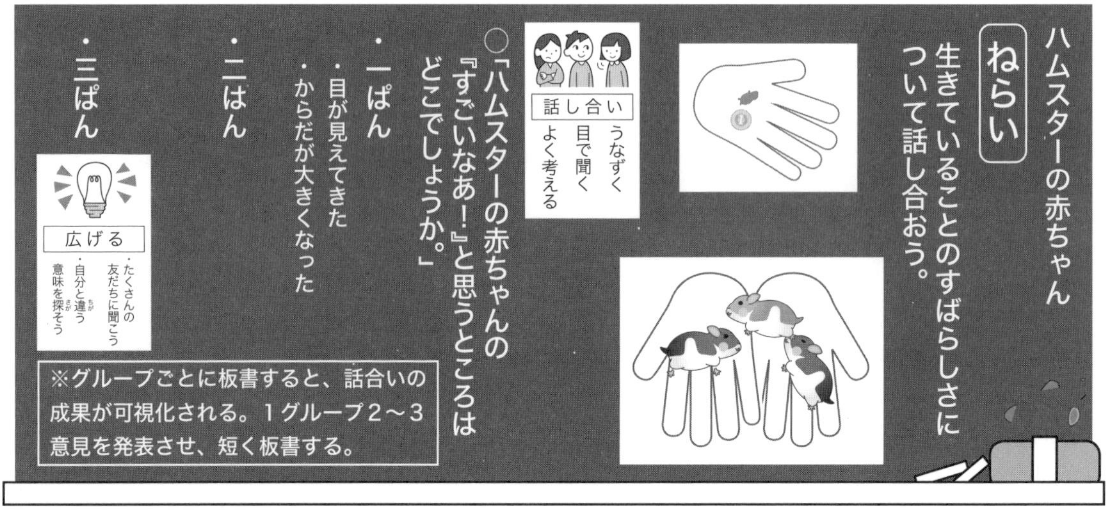

1　本時のねらいを確認する。

「生きていることのすばらしさについて話し合おう」

2　教材の内容を理解する。

（１）生後間もない写真と十日後の写真を見比べる。

（２）教師が範読する。

3　教材「ハムスターの赤ちゃん」を読んで話し合う。

（１）ハムスターの赤ちゃんの「すごいなあ！」と思うところをグループで話合う。

・たったの十日で目や口がはっきりしてきたよ。

・何倍も体が大きくなっているよ。

（２）どうしてハムスターの赤ちゃんは大きくなれたのかグループで話し合う。

・お母さんの手助けがあったからだよ。

・赤ちゃんも早く大きくなりたいと頑張ったんじゃないかな。

（３）「早く大きくなあれ」にはどんな思いが込められているか考える。

・無事に大きくなってほしいな。

・大きくなったら一緒に遊びたいな。

4　学んだことを道徳ノートにまとめる。

シート①「ねらい」

本時のねらいを確認する際に貼る。各学校の統一のものがあればそれを用いる。

シート②「ハムスターの赤ちゃんのイラスト」

生後間もないハムスターの赤ちゃんは体長２cm しかない。人間の赤ちゃんとは違い、目や口もはっきりとしていない。写真や動画で具体的に示したい。

シート③④「話し合い」「広げる」

（１）では様々な視点から意見が出ることが予想される。友達の多様な意見を聞き、新しい気づきを見つける話し合いであることを伝え、受容的な姿勢で臨めるように支援する。

☆話し合いの中で、ハムスターの赤ちゃんの成長を通して生きていることのすばらしさにも気づけるよう支援したい。特に（３）では児童への家族の思いと同じであることに気づかせ、自分自身の命の大切さにも実感をもたせるようにしたい。

考え、議論する道徳づくりのためのポイント

①　写真教材や映像教材を活用する

（1）の発問は、教材文だけでは話し合いが活発にならないことが予想される。様々な視点に気づかせ、多様な意見を出させるためには写真や映像が有効である。ここでは生後間もない写真と十日後の写真を比較させ、多様な意見が出るよう支援する。

②　話し合いの前にノートに書かせる

すぐに話し合いを始めるのではなく、個人の意見をしっかりノートに書いてから話し合いに入るとどの児童も安心して話し合いに臨むことができる。（1）の発問では「すごいなあ！と思うところを５個書こう」などの具体的目標を設定するとより意欲が高まる。

③　相談タイム

「５個書こう」などの具体的目標を設定しても、なかなか書けない児童はいる。そこで、相談タイムをこまめに挟むようにする。「隣同士で」「グループで」「前後の人同士で」などとパターンを変え、書けない子が多くの児童の意見を参考にできるよう配慮する。

④　教師のコーディネート

この教材ではハムスターの赤ちゃんの成長のすばらしさを読み取ることを通して、生命の尊さや大切さという価値に迫りたい。重要な意見は改めて全体に考えさせたり、補助発問をしたりして考えや話し合いを深めるきっかけづくりを心がけたい。

教材の扱い方

本教材はハムスターの赤ちゃんの成長から、生きていることのすばらしさや生命の尊さ、大切さを考える内容となっている。

しかし、挿絵や本文のみではなかなか実感が伴わないのが現状であろう。そこで、写真や映像を用いて実感が持てるように支援する必要がある。家庭で生き物を飼っている児童がいたら、体験を聞くのもよいだろう。

また、ハムスターの赤ちゃんの成長のすばらしさだけではなく、それを支えるお母さんの思い、ひいては自分の命に対しても、様々な人の思いが込められていることにも気づかせたい。

特に次の三つは読み取らせたいポイントである。

1　生後間もないハムスターの赤ちゃんを見て、「大丈夫かな」と繰り返し心配していること。

2　お母さんが強い歯で「大事なたからものをまもっているよう」に育てていること。

3　一匹一匹毛並などが違って個性的であり、それぞれが違ってもすくすくと成長していること。

このように、「生きているってすごいな！」と率直に感じられる温かい教材である。読み味を大切にして指導に当たりたい。

シートの意味・使い方・効果

イラストや本文のみではなかなか実感が伴わないと考えられるので、写真や映像を実態に合わせて活用したい。ハムスター以外の動物を紹介してもよいし、児童の中に映像や写真を持っている子がいたら持ってきてもらうのもよいだろう。

「広げる」シートは児童の「様々な意見を知る」「新しい視点に気づく」きっかけづくりとして用いたい。なるべく多くの友達と交流し、自分と違う意見にも価値があることに気づかせたい。

評価のポイント

1　本時の中での評価のポイント

「ハムスターの赤ちゃんのすごいところ」を話し合う場面で、友達の意見を受け入れたり、参考にして新しい意見に気づいたりしているか見取る。

2　道徳ノートの振り返り

ハムスターの赤ちゃんの成長の読み取りを通して、生きていることのすばらしさや生命の尊さ、大切さについて書けているかを見取る。

Ⓓ 主として生命や自然、崇高なものとの関わりに関すること　18 自然愛護

教材名 ぴよちゃんとひまわり

（『みんなのどうとく　2年』学研）

ねらい 身近な自然に親しみ、動植物に優しい心で接すること。

あらすじ ひよこのぴよちゃんは小さな丘で一粒の種を見つける。食べようと思ったら、「明日まで待ったら美味しい葉っぱが食べられるよ」と言われ、待つことに。その後も待ち続け、種はやがてひまわりに。それからぴよちゃんとひまわりは夏中ずっと一緒に楽しく過ごすが、ひまわりは秋には枯れてしまう。

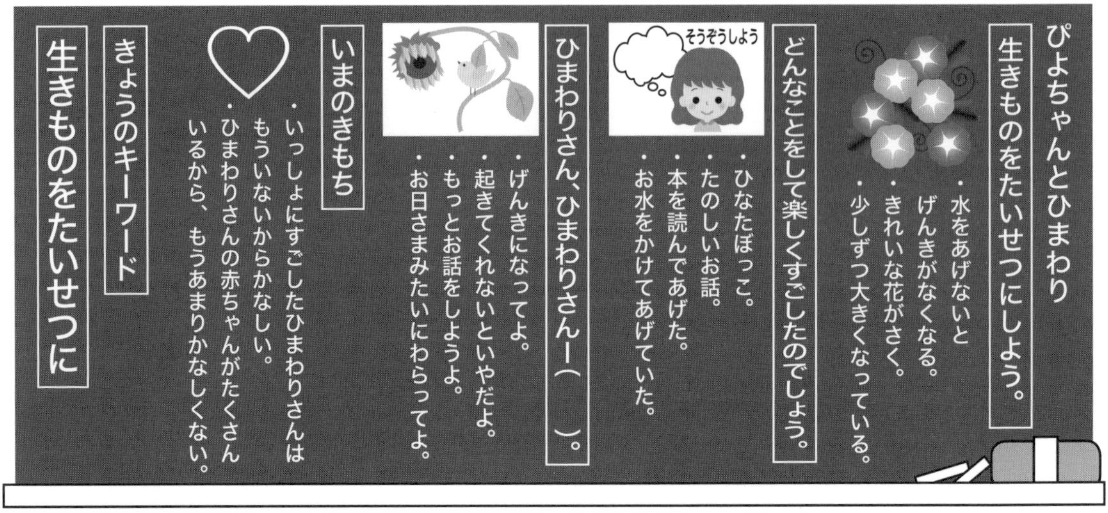

1　植物は生きているかを尋ねる。

・少しずつ大きくなっているから生きているよ。

2　教材「ぴよちゃんとひまわり」を読んで話し合う。

（1）教師が範読する。

（2）「ぴよちゃんとひまわりは、夏の間中、毎日どんなことをして楽しくすごしたのでしょうか。」

・一緒にひなたぼっこをしていた。

・楽しくお話をして過ごした。

・ぴよちゃんがお水をかけてあげていた。

（3）「ひまわりさん、ひまわりさんー（　　　）。（　　　）にはどんな言葉が入るでしょう。」

・もっとお話をしようよ。

・お日さまみたいにわらってよ。

（4）「ひまわりばたけを見たときのぴよちゃんの気持ちを色で表してみましょう。かなしい気持ちの分を青で、かなしくない気持ちの分を赤で塗りましょう。」

・一緒に過ごしたひまわりさんはもういないから悲しい。

・ひまわりさんはもういないけど、ひまわりさんの赤ちゃんがたくさんいるからあまりかなしくない。

3　今日の授業を振り返って、感想をまとめる。

シート① **「イラスト１」**
育てている植物を見たり、画像を見せたりして、教材への関心を高める。

シート② **「そうぞうポイント」**
物語の情景を想起させ、登場人物の言動を想像させたい時に貼ると効果的である。

シート③ **「いまのきもち」**
中心発問で貼り、自分自身の素直な気持ちと向き合うための足掛かりとする。

シート④ **「心の色」**
登場人物の心情を思い巡らし、青と赤の二色で塗り分ける。色を塗り分けることで視覚的、客観的に心の有り様を捉えることができる。そのため、自分の意見を書き進められない児童にも効果的である。

シート⑤ **「きょうのキーワード」**
終末で「きょうのキーワード」を貼り、ねらいとする価値を明確にする。

☆自分の立場や考えを明確にするため、考えはワークシートに書かせる。

考え、議論する道徳づくりのためのポイント

① 補助発問を生かす

教材には、読み手の胸を打つような主人公の言動が数多くある。

例えば、「ぴよちゃんは、遠くの池からなんどもなんども水をくんできては、ひまわりにかけてあげました。」とある。小さな体で遠くの池まで何度も往復し、水を掛け続ける姿は何とも健気で、児童の心情を揺さぶる行動である。また、ひまわりが「ぴよちゃん、さようなら。─ありがとう。」と言った時、ダーシに「〜してくれて」と言葉を補うことで、より登場人物の気持ちに寄り添うことができるだろう。

補助発問により主人公の気持ちを読み取らせ、児童の発言を引き出したい。

② 悲しみを強調しすぎない

発問（４）では、葛藤している気持ちを「心の色」で表すことによって、児童の心の有り様が浮かび上がるだろう。種々様々な塗り方が期待される。

ただ、新しい生命との出会いに喜べる児童もいれば、ひまわりを失った悲しみを引きずってしまう児童もいる。多様な考えを受け入れることは大切だが、ひまわりを失った悲しみに固執してしまうと新たな生命との出会いを素直に喜べず、本時のねらいから離れてしまうことも予想される。ねらいとする価値に迫るような議論を展開するためにも、発問（４）では敢えて悲しい気持ちを強調せず、ぴよちゃんとひまわりの子供たちとの出会いを新鮮な気持ちで迎えさせたい。

③ 見えないことに気づかせる

終末では、植物に限らず生命のあるもの全てを生き物として捉えさせ、その生命を大切にしようとする気持ちをもたせることが求められる。

教材の内容からやや一般化して考えさせることで、児童の新たな考えや気づきを促し、それを発言につなげていく。

教材の扱い方

小さな丘で一つぶの種を食べようとしたぴよちゃんは、種からの問いかけに応じ、食べずに成長の様子を見ようとする。やがて成長したひまわりとぴよちゃんは交流を深め、次第に仲の良い関係を築く。しかし秋になり、やがてひまわりは枯れてしまう。

動植物を大切にする心に気づかせるためには、ぴよちゃんとひまわりとの温かみのある交流をしっかりと児童に捉えさせてから、ひまわりを失った悲しみに共感させる必要がある。

だが、教材には「夏の間じゅう毎日楽しくすごしました。」としか記されていない。夏の間にどのようなことをして親交を深めたのか。その場面をおざなりにしてしまうと、ねらいとする道徳的価値がぼやけてしまいかねないので留意する必要がある。

一度は断たれてしまった友情が、命のつながりによって復活する。ひまわりを失った悲しみを残しつつも、新たな命との出会いを喜ぶことで、動植物に優しく接することの大切さに気づかせたい。

シートの意味・使い方・効果

導入では、身の回りにある生命について問うことで、教材への関心を深めたい。

また、中心発問で「いまのきもち」と「心の色」のシートを貼り、より深く思いを巡らすための手立てとしたい。

終末では「きょうのキーワード」を貼ることで、ねらいとする価値を際立たせたい。

評価のポイント

１ 本時の中での評価のポイント

発問（３）では、ひまわりへの励ましの言葉を積極的に発言しているか、発問（４）では、課題を自分のこととして捉えているかを見取る。

２ 学校生活での発言や行動

生き物のために進んで行動している様子を記録し、道徳性に関する成長の様子に着目する。

Ⓓ 主として生命や自然、崇高なものとの関わりに関すること　18 自然愛護

教材名 虫が大すき―アンリ・ファーブル―

（『わたしたちの道徳　小学校１・２年』文部科学省）

ねらい ファーブルの昆虫を観察する姿から、動植物や自然に対する優しい心を持とうとする。
＊本教材については、巻末の107頁参照。

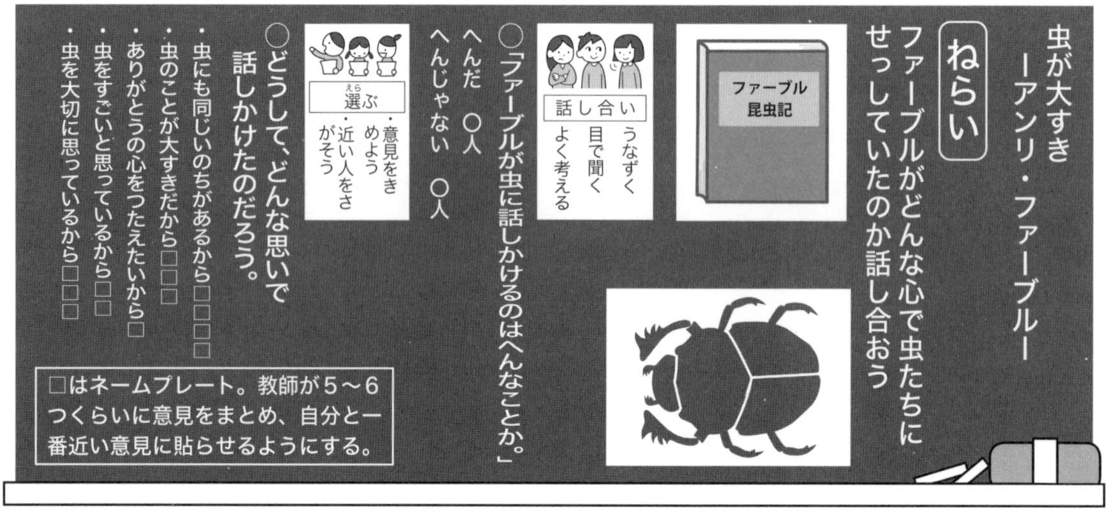

1　本時のねらいを確認する。

「ファーブルがどんな心で虫たちにせっしていたのか話し合おう」

2　教材の内容を理解する。

（1）『ファーブル昆虫記』を見せ、簡単に感想を聞く。

（2）教師が範読する。

（3）ファーブルの人柄を確認し、「もっとおおきなおどろき」について自分たちの知っていることを出し合う。

・バッタは自分の身長の何倍も高く跳べるよ。

3　教材「虫が大すき―アンリ・ファーブル―」を読んで話し合う。

（1）ファーブルが虫に話しかけるのは変なことか話合う。

・お花だって話しかけると元気になるから、変じゃないと思うな。

・虫取りした時に話しかけたりはしないよ。

（2）どうして、どんな思いで話しかけたのか話し合う。

・小さな虫にも人間と同じ命があるから。

・虫が大好きで、とても大切にしていたから。

（3）「昆虫記」を読む人にどんなことを考えてほしいか、ファーブルになったつもりでメッセージを書く。

4　学んだことを道徳ノートにまとめる。

シート① **「ねらい」**

本時のねらいを確認する際に貼る。各学校の統一のものがあればそれを用いる。

シート② **『ファーブル昆虫記』**

『ファーブル昆虫記』はたいていの学校の図書室にはあるだろう。できれば現物を紹介したい。ファーブルが観察した昆虫の写真を見せるとより伝わりやすくなる。

シート③ **「話し合い」**
「選ぶ」

（1）の発問では意見が偏ることが予想されるので「普段はそんなことしないよね」と揺さぶりをかける。また、（2）ではファーブルのセリフの内容を考えさせ、虫たちに対する慈しみの心をとらえさせるとより意見が深まる。

☆一番自分と近い意見を選び、ネームプレートを貼らせ、考えの近い児童とグループを組ませると話し合いがスムーズに進む。さらに考えの違う児童ともグループを組ませると、より議論が深まる。

考え、議論する道徳づくりのためのポイント

① 立場を選択させる

発問（1）は「変であるか（A）ないか（B）」を選択させてから意見を書かせる。自分の立場をはっきりさせること、選択することに慣れさせておくと、高学年の討論やディベートの学習に生きる。なお、答えをどちらかに決めることが目的ではないことも伝えておく。

② 全員に意見をもたせる

児童からの意見をまとめ、五～六つに絞ったら、自分と近い意見にネームプレートを貼らせる。全員発表の時間は確保できないので、必ず全員が意見表明できるよう工夫したい。また、選択式なので、意見を持つことが苦手な児童への支援にもなる。

③ 揺さぶりをかける

低学年の話し合いでは意見が偏ることが多い。発問（1）では「普段は話しかけたりしないよね」、発問（2）では「ファーブルのセリフに注目させる」など、自分の意見と違う価値観に気づかせる揺さぶりを効果的に活用したい。

④ 書くのが苦手な子への支援

低学年では自分の考えは持てても、なかなか文章で表現できない児童もいる。発問（3）では、「ファーブルが伝えたいのは○○の気持ちと短く書こう」などの助言を行い、書くきっかけをつくりたい。また、特に苦手な児童は口述させ、教師が代筆してもよいだろう。

教材の扱い方

『ファーブル昆虫記』は誰もが一度は耳にしたことのある名作である。ファーブルの昆虫へのあくなき探究心と研究に対する熱意は教材にも綴られているが、本授業は「自然愛護」がねらいである。ファーブルの好奇心や探究心よりも、彼の自然への慈しみの心に焦点を当て、この教材を扱いたい。

昆虫への好奇心を大人になっても持ち続けたファーブルであるが、研究を続けていくうちに、好奇心以上の感情が彼の心に芽生えているのが、教材からも読み取れる。それは、自然に対する畏敬の念、感動の心である。「虫という最も小さなものの中に、最も大きな驚きが隠されている」「よくわたしに色々なことを教えてくれたね」などのセリフからは彼の自然に対する慈しみの心が感じられる。児童と十分に味わいながら教材を読み深めたい。

次の3点は読み取らせたいポイントである。

1　子供のころから昆虫に対する好奇心、探究心に溢れていたこと。
2　昆虫という小さなものの中に大きな驚きが隠されていることに気づいたこと。
3　小さな昆虫に対しても尊敬の念を払い、大切にしていること。

シートの意味・使い方・効果

昆虫はただ紹介するだけではなく、パワーポイントなどでスライドにしたり、動画を活用したりすると児童により実感をもたせることができる。

「話し合い」シートは児童の「相手の意見を尊重する」「相手の意見を参考にして自分の意見を深める」きっかけづくりとして用いたい。また、「選ぶ」シートは「意見がもてない時は（板書などの）友達の意見をヒントにして選んでよい」などの話し合い活動の支援にもつながるように活用したい。

評価のポイント

1　本時の中での評価のポイント

発問（2）で自分の考えとは違う児童と積極的に対話し、話し合いで自分の考えを変えている児童や深めている児童を見取る。

2　道徳ノートへの記述

ファーブルになりきってメッセージを書くことで、話し合いを通して自然に対する優しい心、愛護の精神を感じ取ることができたか評価する。

教材名　七つのほし

（『みんな　たのしく　どうとく２』東京書籍）

ねらい　女の子やお母さんの美しい心や行いに気づき、清らかな心をもつことの大切さを考える。

あらすじ　日照りの続いたある年、女の子は病気のお母さんのために水を探しに出るもどこにもなく、疲れて寝てしまった。しかし、目を覚ますとひしゃくには水がいっぱい。女の子は家に帰る途中、水が欲しそうな犬に水をあげるとひしゃくは銀色に、お母さんが娘に水をゆずるとひしゃくは金色に、女の子が旅人に水をゆずるとひしゃくの中からダイヤモンドが七つ浮かび、それらはやがて七つの星になった。

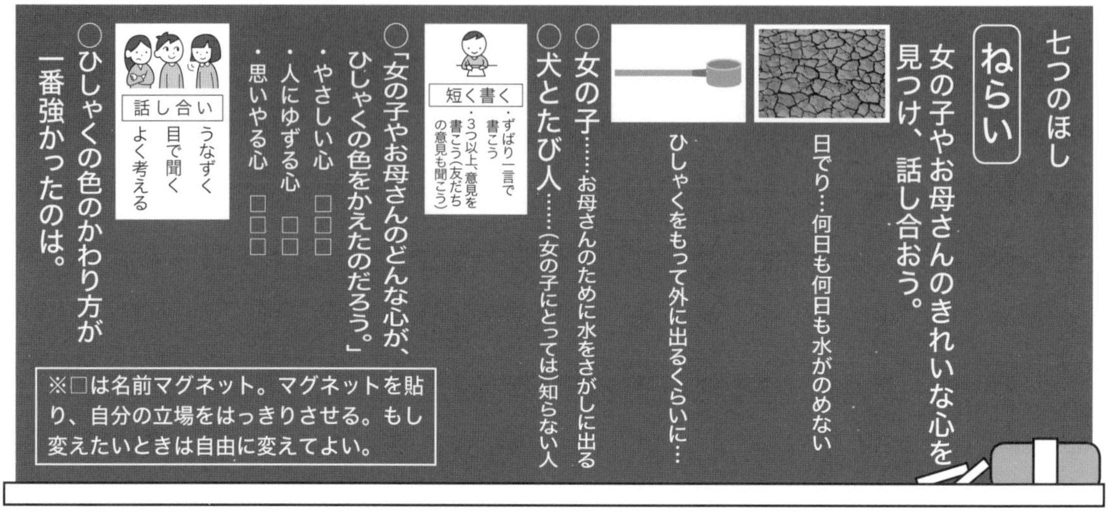

1　本時のねらいを確認する。

「女の子やお母さんのきれいな心を見つけ、話し合おう」

2　教材の内容を理解する。

（１）日照りの様子を写真で見せ、感想を聞く。

（２）教師が範読し、簡潔に説明する。

3　教材「七つのほし」を読んで話し合う。

（１）女の子がつばを飲み込んで、旅人にひしゃくを渡したときの気持ちを考える。

・死にそうな旅人を助けなきゃ。

・本当は私も同じくらい喉が渇いているの。

（２）女の子やお母さんのどんな心が、ひしゃくの色を変えたのか考える。

・思いやりの心　・人に譲る心　・優しい心

・すがすがしい心　・人を助けたい心

（３）ひしゃくの色の変わり方が一番強かったのはどの心か話し合う。

・私は譲る心だと思います。女の子もお母さんも、あんなに喉が渇いていたのに我慢して、旅人や犬に水を飲ませてあげたからです。

4　学んだことを道徳ノートにまとめる。

シート①「ねらい」

本時のねらいを確認する際に貼る。各学校の統一のものがあればそれを用いる。

シート②「イラスト　日照りの様子」

日照りの水が飲めない苦しさは児童には伝わりにくい。（発達段階に適した）写真を見せ、イメージをもたせたい。また、女の子は自分のためではなくお母さんのために水を探す旅に出る。利他の心から出発していることにも気づかせたい。

シート③「短く書く」

（２）の発問は「○○心」と短く書かせることで、どの児童も意見がもてるように支援する。

☆もし理由を書きたい児童がいたら、ワークシートに書くように伝える。

シート④「話し合い」

（３）の発問は一番を決める話し合いではなく、他の意見をよく聞き、考えを広げる話し合いであることを伝える。

考え、議論する道徳づくりのためのポイント

①　短く、たくさん意見を書く

「○○心」という言い切りの形にし、短く意見を書けるように配慮する。「1人三つ以上書こう」などの指示をして、たくさん書くように促したい。多様な意見を出させるためには、まずはたくさん意見を考えることが肝要である。

②　順位付けをする

（3）の発問では発表されたものの中から、一番妥当なものを選ばせる。一番を決める話し合いではないが、順位付けをすることで児童は意見と意見を比較するようになる。比較することで改めて相手の意見を聞くこと、話し合うことの大切さに気づかせたい。

③　立場の見える化

（3）の発問では自分が一番賛成のものに名前マグネットを貼らせ、立場を「見える化」する。どの意見に賛成かお互いに把握することで、効率よく話し合いを行うことができる。自分と考えの近い友達と自由に話し合わせる場などを設定してもよい。

④　教師のコーディネート

（3）の発問では選んだ理由を伝え合うのが主な活動だが、他の意見を参考にしたり意見同士を比較したりする児童もいる。そういう児童をしっかりと見取り、全体に紹介するようにする。そうした意見の絡み合いが話し合いをより深めるきっかけになるからである。

教材の扱い方

本作品は日照りの続く村で、女の子が病気のお母さんのために水を探しに出かけるお話である。

まず女の子はお母さんのためを思う。するとひしゃくの中に水が湧く。大事な水だが、喉の乾いた犬に飲ませてやると、銀のひしゃくに変わる。

お母さん、旅人を経て最後には七つの星が溢れ出るわけだが、ひしゃくは「相手を思う心」を見せる度にその心の持ち主に幸せを分け与えているように思える。

この作品には困窮の中でも相手を思いやる人間の素朴な美しさが描かれている。物語の読み味を大切にしつつ、じっくりと読ませたい。

特に次の三つは読み取らせたいポイントである。

1　女の子は病気のお母さんのために水を探しに出かけたこと。

2　ぐっとつばを飲み込んで、旅人にひしゃくを渡したこと（日照りで水が飲めないことがどれだけ辛いことか感じとらせたい）。

3　女の子は突然現れた犬や見知らぬ旅人まで水を分け与えようとしたこと。

読むだけで心に響く力のある作品であるが、細かい描写や事実をきちんと読めていないと、深い感動を得られない。丁寧に扱いたい。

シートの意味・使い方・効果

日照りの苦しさは今の児童には、実感を伴って理解できないだろう。よって、イラストや写真、動画などで十分に背景を理解させたい。発達段階に即した補助教材が必要となるが、女の子自身も大変辛い思いをしていることはしっかりとおさえたい。

「短く書く」シートは、まず「自分の意見をもつ」きっかけづくりとして用いたい。自分の意見をしっかりともち、相手の意見を聞く、意見を交換することで、主体的に話し合いに参加する態度を養いたい。

評価のポイント

1　本時の中での評価のポイント

一番強く反応した心を選ぶ場面で、自分なりの考えを話せているか、友達の話をじっくりと聞けているかを見取る。

2　道徳ノートの振り返り

話し合いを経て、最終的な自分の意見を書かせ、変容を見取る。書くのが苦手な児童には直接聞くなどの対応をしてもよい。

Ⓓ 主として生命や自然、崇高なものとの関わりに関すること　19 感動、畏敬の念

教材名 しあわせの王子

（『小学どうとく　こころつないで２』教育出版）

ねらい 「王子」の清らかな心について考え、物語に込められた感動を話し合う。

＊本教材については、巻末の108～109頁参照。

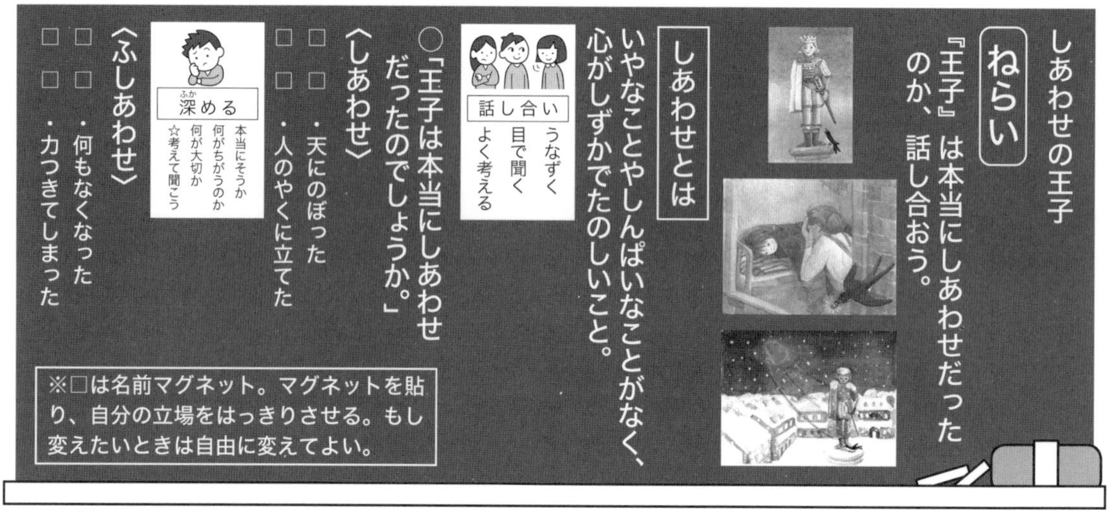

1　本時のねらいを確認する。

「『王子』は本当に幸せだったのか、話し合おう」

2　教材の内容を理解する。

（1）先に話の内容を紹介し、聞いたことがあるか問う。

（2）教師が範読する。

（3）「幸せ」の言葉の意味を確認する。

3　教材「しあわせの王子」を読んで話し合う。

（1）王子はどうして「しあわせの王子」と呼ばれていたのか読み取る。

・体が金で包まれていたからだよ。

・宝石もたくさんもっていたからだよ。

（2）人々に分け与えた結果、みずほらしい姿になったことを確認し、王子は本当に幸せだったのか話し合う。

・王子は自分の物をたくさん人にあげて、自分は何もなくなってしまったけれど、人の役に立てたことを喜んでいるから本当に幸せだったのだと思います。

（3）つばめはどうして最後まで王子に協力したのか考える。

・王子の優しい心を叶えてあげたかったから。

・みんなの幸せを願う王子の姿に心を打たれたから。

4　学んだことを道徳ノートにまとめる。

シート① **「ねらい」**

本時のねらいを確認する際に貼る。各学校の統一のものがあればそれを用いる。

☆「本当に幸せだったのか」は学習課題でもある。念頭において教材を読ませたい。

シート② **「イラスト　幸福の王子」**

原典はオスカー・ワイルドの童話であり、多くの子が知っている。話の途中で「この話知ってる！」などと口を挟ませないためにも、あらかじめ伝えておくと良い。

シート③④ **「話し合い」**
「深める」

（2）の発問は「幸せ」か「不幸せ」か立場をはっきりさせて話し合いに臨ませたい。しかしどちらかを決める話し合いではなく、いろいろな意見を聞いて考えを深める話し合いであることを伝え、受容的な姿勢で臨めるように支援する。

☆「幸せ」の定義は個人によって差異がある。言葉としての意味をあらかじめ共通理解しておくと意見が伝わりやすくなる。

考え、議論する道徳づくりのためのポイント

①　深める問い方

児童に話し合いをさせると、教材の表面をさらったような浅い意見や同じ意見ばかりになってしまうことがある。そこで（3）では「本当に」と念を押し、王子がみすぼらしい姿になったことを強調して、様々な視点から検討し、深めるようにさせたい。

②　相談タイム

同じ意見ばかりになってしまう、なかなか深まらないなど、意見をもつのが難しい場合には、適宜相談できる時間をつくる。話し合いの前にペア、グループで何を書いたか伝え合い、自分の意見が必ず一つはもてるよう支援する。

③　立場をはっきりさせる

「幸せ」か「不幸せ」か、立場をはっきりさせてから意見を考えさせる。どちらかの立場に立つと、意見が明確になりやすい。途中で立場を変えたいときはいつでも変えてよいことを伝える。なお、どちらが正しいかはっきりさせるわけではないことも明言しておく。

④　教師のコーディネート

クラスのほとんどの児童が「幸せ」を選択することが予想される。その時は「不幸せ」を選んだ少数派が批難されないよう、十分に配慮する。また、少数派の意見を取り上げて全体に投げかけ、教師が積極的にゆさぶりをかけるようにしたい。

教材の扱い方

本作品はオスカー・ワイルドの「幸福な王子」がもとになっている。体は金箔、両目や刀は宝石で装飾された王子（銅像）は人々から「しあわせの王子」と呼ばれていたが、王子は深い悲しみの中にいた。王子の本当の幸せは、「人々の役に立つこと、喜ばせること」だったのである。

非常に有名な童話であり、ほとんどの児童が知っていると考えられるが、同時に内容の深い作品でもある。「天に昇る」などの比喩表現が多く、読み取り自体も難しいことが予想されるので、丁寧に扱いたい。

本授業は「王子」に焦点を当てたものだが、「つばめ」の献身的な姿にも触れたい。

特に次の三つは読み取らせたいポイントである。

1　人々がうらやむくらい立派な姿をしているにも関わらず、王子は幸福を感じていないこと。

2　越冬しなければ冬を越せないことが分かっているのに、つばめはそれを承知で最後まで王子につくすこと。

3　最後の最後まで、人々の役に立つために志を完遂すること。そして穏やかな心で天に昇ること。

このように、様々な深い感動が込められた作品であるので、丁寧に扱い、深めるようにさせたい。

シートの意味・使い方・効果

童話をもとにしているため、やや表現が文学的で伝わりにくいところがある。実態に合わせて場面絵などを用意して、内容理解に使いたい。また、話の展開をよく知っている児童が多いと予想されるため、場面絵を使ってあらかじめ簡単に紹介しておくのもよい。

「深める」シートは児童の「様々な意見を知る」「自分の意見を深める」きっかけづくりとして用いたい。深めるためにはじっくりと考えることも必要である。考える時間もしっかりととりつつ進めたい。

評価のポイント

1　本時の中での評価のポイント

「幸せ」か「不幸せ」か話し合う場面で、自分の意見と違う意見に対して肯定的に受け止めているか、さらに意見を深めていたか見取る。

2　道徳ノートの振り返り

どんなことが学べたか、自分の考えは何か、誰の意見が参考になったかなど、具体的な視点をもたせて書かせるようにしたい。

小《ちい》さな　ど力《りょく》の　つみかさね——二宮《にのみや》　金次郎《きんじろう》——

　二宮　金次郎は、まずしい　農家《のうか》に　生《う》まれました。
小《ちい》さい　ころから、家《いえ》の　しごとを　よく　てつだいました。
金次郎が、十四《じゅうよん》さいの　ときに　お父《とう》さんが　なくなり、
十六《じゅうろく》さいの　ときに、お母《かあ》さんが　なくなりました。兄弟《きょうだい》と
はなればなれに　なり、家も　なくした　金次郎は、
まんべえおじさんの　お世話《せわ》に　なる　ことに　なりました。
金次郎は、おじさんの　言《い》いつけを　まもって、一日中《いちにちじゅう》
しっかりと　はたらきました。
金次郎には、ゆめが　ありました。

（何《なん》とか　して、自分《じぶん》が　生まれた　家を　つくり直《なお》したい。）
　そこで、金次郎は、
（一生《いっしょう》けんめいに　勉強《べんきょう》して、早《はや》く　一人前《いちにんまえ》に　なるぞ。）
と、心《こころ》に　きめました。
　金次郎は、一日の　しごとを　おえると、
ねむい　目《め》を　こすりながら、夜《よる》
おそくまで、本《ほん》を　読《よ》むのでした。
　すると、まんべえおじさんは、
「明《あ》かりに　つかう　あぶらが
　もったいない。早く　ねなさい。」
と　言って、金次郎を　しかりました。

　金次郎《きんじろう》は、もう　勉強《べんきょう》を　やめようかと、
考《かんが》えました。しかし、どう　しても、
あきらめる　ことが　できません。
　そこで、知《し》り合《あ》いの　人《ひと》から　少《すこ》しの　*なたねを
もらって、土手《どて》に　まき、世話《せわ》を　しました。
　つぎの　年《とし》の　春《はる》、金次郎が　まいた　なたねは、
黄色《きいろ》い　花《はな》を、土手　いっぱいに　さかせたのです。
　そこからは、まいた　なたねの　何倍《なんばい》もの
なたねを　とる　ことが　できました。
　そして、なたねを　あぶらに　とりかえて　もらい、
また　勉強する　ことが　できるように　なりました。

　やがて、金次郎は　りっぱに
せい長《ちょう》し、二十《にじっ》さいの　ときに、
自分《じぶん》の　家《いえ》を　つくり直《なお》す　ことが
できたのです。
　大人《おとな》に　なった　金次郎は、「尊徳《たかのり》」と
いう　名前《なまえ》に　かえました。そして、自分が　学《まな》んだ、
（小《ちい》さな　ど力《りょく》の　つみかさねが、大《おお》きな　ことに　つながる。）
と　いう　ことを、多《おお》くの　人たちに　つたえました。

＊なたね……なの花の　たね。

（出典：『わたしたちの道徳　小学校 1・2 年』文部科学省、28～31 頁）

巻末資料　本文24～25頁に対応

るっぺ　どう　したの

「るっぺ、るっぺ、おきて　いるの。」
お母《かあ》さんの　声《こえ》が、遠《とお》くから
聞《き》こえて　きました。
目《め》ざまし時計《どけい》も、
さっきまで、遠くで
鳴《な》って　いたようです。
「るっぺ、やっぱり　おきて
いなかったのね。毎朝《まいあさ》、同《おな》じ
ことを　言《い》わせないで　ちょうだい。」

16

今度《こんど》は、るっぺの　すぐ　そばで、
お母さんの　声が　聞こえました。
でも、るっぺの　目は　あきません。

＊　＊　＊

「るっぺくん、早《はや》く。おくれちゃうよ。」
ぴょんたくんは、足《あし》を　バタバタさせて　います。
「だってえ。」
るっぺは、口《くち》を　とがらせて　います。
「るっぺくん、くつの　かかとを
ふんで　いるよ。きちんと　はきなよ。」
ぴょんたくんは、足を　バタバタさせながら　言いました。

17

「だってえ。」
るっぺは、口《くち》を　とがらせたまま
下《した》を　むいて、くつを　直《なお》そうと
しました。
ランドセルの　中《なか》から、いろいろな
ものが、みんな　とび出《だ》しました。

＊　＊　＊

「るっぺくん、やめて。」
クラスの　みけさんと　めえさんが、
大《おお》きな　声《こえ》で　言《い》いました。
「いやだね。」

18

るっぺは、何《なに》が　気《き》に　入《い》らないのか、
ほおを　ふくらませたまま、すなばの
すなを　なげて　います。
「るっぺくん、すなが　目《め》に　入《はい》ったら、
どう　するの。やめて。」
みんなは、こわい　顔《かお》を
そろえて　言いました。
「いやだね。」
と　るっぺが　言った　とき、
ぽんこさんが　目を　おさえて
しゃがんで　しまいました。

19

（出典：『わたしたちの道徳　小学校１・２年』文部科学省、16～19頁）

あきらめないで

26　七のだん、ごうかく

「やった。七のだん、ごうかく。」

「わあい、ぼくもごうかくだ。」

友《とも》だちのうれしそうな声《こえ》が、教室《きょうしつ》にひびきます。

あきこのクラスでは、今《いま》、かけ算《ざん》をならっています。家《いえ》でおぼえてきた九九《くく》を、先生の前《まえ》でまちがいなく言《い》えると、ごうかくです。

あきこは、七のだんが　なかなかごうかくできません。きょうも、家に帰《かえ》ると、さっそく　れんしゅうをはじめました。

100

しちいちが、しち。
しちに、じゅうし。
しちさん……、にじゅう……いち？　にじゅうし？
しちし、にじゅうし？　にじゅうなな？

「ああ、どうして　おぼえられないのかなあ。」

あきこが言うと、おかあさんが、

「だれでも、さいしょは　できなくてあたりまえ。十回《じっかい》でだめなら、二十回。二十回でだめなら、三十回　れんしゅうするのよ。がんばろうね。」

と、はげましてくれました。

あきこは、「そうか、三十回でだめなら、四十回やればいいんだ。」そう思《おも》うと、元気《げんき》が出てきました。

101

しちいちが、しち。
しちに、じゅうし。
しちさん、にじゅういち。
……

つぎの日も　つぎの日も、あきこは、れんしゅうしました。

きょうは、いよいよ　先生に聞《き》いてもらう日です。あきこは、どきどきしました。

しちいちが、しち。
……
しちく、ろくじゅうさん！

102

「言《い》えた。」と、あきこは、心《こころ》の中でさけびました。

「はい。七のだん、ごうかく。がんばったわね。」

先生が、えがおで言いました。

「あきこさん、よかったね。」

友《とも》だちが、はくしゅをしてくれました。

あきこの目に、なみだがうかびました。

作　編集委員会
絵　黒木ひとみ

「三十回《さんじっかい》でだめなら、四十回」と思《おも》った　あきこを、どう思いますか。

目になみだをうかべた　あきこは、どんなことを　思っていたのでしょう。

できるまで　あきらめないで　やり通《とお》したことが　ありますか。それは、どんなことですか。

103

（出典：『どうとく２年　きみがいちばんひかるとき』光村図書）

巻末資料　本文 32〜33 頁に対応

自分で　やる　ことは　しっかりと

読《よ》んで　みよう

うさぎと　かめ

「もし　もし　かめよ　かめさんよ
せかいの　うちで　おまえほど
あゆみの　のろい　ものは　ない
どうして　そんなに　のろいのか」

「なんと　おっしゃる　うさぎさん
そんなら　おまえと　かけくらべ
むこうの　小山《こやま》の　ふもとまで
どちらが　さきに　かけつくか」

「どんなに　かめが　いそいでも
どうせ　ばんまで　かかるだろ
ここらで　ちょっと　ひとねむり」
グーグーグーグー　グーグーグーグー

「これは　ねすぎた　しくじった」
ピョンピョンピョンピョン
ピョンピョンピョン
「あんまり　おそい　うさぎさん
さっきの　じまんは
どう　したの」

27　26

（出典：『わたしたちの道徳　小学校１・２年』文部科学省、26〜27 頁）

かさ屋《や》とぞうり屋《や》の話《はなし》

「リリーン。」

ひろ子《こ》さんのまくらもとで、めざましどけいがなりました。ひろ子《こ》さんは、ねむい目《め》をこすりながら、窓《まど》のほうを見《み》ました。どうもあまりいいお天気《てんき》ではないようです。じっと耳《みみ》をすますと、パラパラという雨《あめ》の音《おと》がきこえます。

「あら、雨《あめ》だわ。」

139

ひろ子《こ》さんは、がっかりしたようにひとりごとをいいながら起《お》きあがりました。

「おかあさん、きょうは雨《あめ》ね。せっかく体育《たいいく》があるっていうのに、雨《あめ》じゃドッジボールができないわ。教室《きょうしつ》の中《なか》で『いち、に』の体操《たいそう》なんて、わたしいやだなあ。」

ひろ子《こ》さんは、台所《だいどころ》で朝《あさ》ごはんのしたくをしているおかあさんのそばにくると、さも不満《ふまん》そうに、こういいました。

「あら、おかしな子《こ》ね。きのうはたしか、雨《あめ》が降《ふ》らないかなあっていってたじゃないの？」

「ええ、それはね、きのうは運動場《うんどうじょう》のそうじ当番《とうばん》だったから、雨《あめ》が降《ふ》ればしなくてもすむでしょう。だから、雨《あめ》が降《ふ》ればいいっていったのよ。

140

でも、きょうはお天気《てんき》になってほしかったのよ。」

そういいながら、ひろ子《こ》さんはごはんを食《た》べると、不満《ふまん》そうな顔《かお》をしたまま、「いってきまーす。」といって、学校《がっこう》にでかけていきました。

ひろ子《こ》さんが、「……は、いや。」というのは、お天気《てんき》のことだけではありません。たとえば、夕食《ゆうしょく》のデザートにぶどうがでると、「あら、ぶどうっていやね。一《ひと》つぶ一《ひと》つぶ食《た》べるのめんどうなんですもの。」といいます。それではと思《おも》って、おかあさんが次《つぎ》の日《ひ》にバナナを買《か》ってくると、「バナナっていやね。なんだかのどがつまりそうで……。もっとみずみずしいくだもののほうがいいわ。」というのです。

また、休《やす》みの日《ひ》にお友《とも》だちがさそいにくると、「せっかくきょうは本《ほん》を読《よ》もうと思《おも》っていたのにいやだわ。でも、しかたがないからあそんでくるわ。」といいます。そのくせ、だれもこないときは、「あーあ、たいくつだわ。だれかあそびにきてくれないかしら。ひとりぼっちってつまんない。」というのです。

ひろ子《こ》さんがこんなふうなので、おとうさんもおかあさんも困《こま》っていました。

「どうしてひろ子《こ》は不平《ふへい》ばかりいうのかしら。ほかのことでは何《なに》もいうことのない子《こ》なのに。このくせをなんとかなおさなければ……。」と、おかあさんは心《こころ》をいためていました。

ある日《ひ》のこと、ひろ子《こ》さんが学校《がっこう》から帰《かえ》ってくると、おかあさんがにこにこしながら、

「きょうは、おかあさん、町《まち》へお買《か》いものにいってきたんだけど、ちょ

141

142

（出典：「かさ屋とぞうり屋の話」『ベッドタイムストーリーズ１』福音社、139～142 頁）

うどい本《ほん》が目《め》についたので、買《か》ってきたのよ。机《つくえ》の上《うえ》においてあるわ。」といいました。本好《ほんず》きのひろ子《こ》さんは大喜《おおよろこ》びで、いそいで自分《じぶん》の部屋《へや》にいってみました。机《つくえ》の上《うえ》には、セロファンのカバーのついた青《あお》い表紙《ひょうし》の本《ほん》がのっていました。
『幸福《こうふく》になるために』
題《だい》をみると、ひろ子《こ》さんはむねがわくわくしてきました。早《はや》く読《よ》みたくてたまりません。
ひろ子《こ》さんは、そっと本《ほん》を手《て》に持《も》って、ぱらぱらと中《なか》をめくってみました。すると、どうしたことか、ひとりでに本《ほん》が開《ひら》いてしまいました。そのページには、赤《あか》いリボンのついたちいさなしおりがはさんであったのです。しおりをとってみると、その下《した》に「かさ屋《や》とぞうり屋《や》の話《はなし》」と

143

いう題《だい》が書《か》いてありました。
「どんな話《はなし》かしら。」
ひろ子《こ》さんは机《つくえ》の前《まえ》に立《た》ったまま、そこを読《よ》みはじめました。

あるところに、ふたりの女《おんな》の子《こ》をもった母親《ははおや》がおりました。子《こ》どもたちはだんだん大《おお》きくなって、やがて美《うつく》しい娘《むすめ》になりました。そして、姉《あね》はかさ屋《や》に、妹《いもうと》はぞうり屋《や》に、それぞれおよめにいきました。
ところが、それからというもの、この母親《ははおや》は毎日毎日《まいにちまいにち》泣《な》いてばかりいるのです。〝ふたりの娘《むすめ》が急《きゅう》にいなくなったので、寂《さび》しいのだろう〟と近所《きんじょ》の人《ひと》たちはうわさしておりました。しかし、半月《はんつき》たち、一か月《げつ》たち、やがて半年《はんとし》たちましたが、母親《ははおや》の顔《かお》はますます暗《くら》くなるばかりでした。

144

朝目《あさめ》がさめると、ガラガラと雨戸《あまど》をあけて、
「ああ、きょうは雨《あめ》か。」
と、涙《なみだ》を流《なが》し、次《つぎ》の日《ひ》はからりと晴《は》れたと思《おも》えば、
「ああ、きょうはお天気《てんき》か。」
と、また涙《なみだ》を流《なが》すのです。
雨《あめ》が降《ふ》ったといっては泣《な》き、天気《てんき》になったといっては泣《な》き、いったいどうしたというのでしょう。心配《しんぱい》した近所《きんじょ》の人《ひと》が、この母親《ははおや》にたずねました。
「おかみさん、いったいどうしたというのかね。からだのぐあいでもわるいのかい。」
「いいえ、きいてください。わたしのふたりの娘《むすめ》のことです。ひとり

145

はかさ屋《や》によめにいき、もうひとりはぞうり屋《や》によめにいきました。雨《あめ》が降《ふ》ればぞうり屋《や》はもうからない。天気《てんき》になればかさ屋《や》はもうからない。そう考《かんが》えると毎日心配《まいにちしんぱい》で心配《しんぱい》で……。」
そういって母親《ははおや》はまた涙《なみだ》を流《なが》しました。
「なあんだ、おかみさん、あんたの考《かんが》えは反対《はんたい》だ。こう考《かんが》えればいいんだよ。雨《あめ》が降《ふ》ったら、きょうはかさ屋《や》がもうかるぞ、かさ屋《や》にいったあの子《こ》が喜《よろこ》ぶ。天気《てんき》になったら、きょうはぞうり屋《や》がもうかるぞ、ぞうり屋《や》にいったあの子《こ》が喜《よろこ》ぶ、とな。」
すると母親《ははおや》は大《おお》きくうなずいて、こういいました。
「なるほどなるほど、そう考《かんが》えりゃ、毎日喜《まいにちよろこ》んでいられたわけだ。わたしゃなんてばかだったんだろうね。」

146

（出典：「かさ屋とぞうり屋の話」『ベッドタイムストリーズ 1』福音社、143～146 頁）

147

読《よ》み終《お》わったひろ子《こ》さんは、思《おも》わず「うふふふ」と笑《わら》ってしまいました。しかし、つぎのしゅんかん、ひろ子《こ》さんは、はっとしました。いつかおかあさんにいわれたことばを思《おも》いだしたのです。

「ひろ子《こ》さん、あなたはいつもいやなことばかり考《かん》えてるけど、こんどは反対《はんたい》に、何《なに》かいいことはないかって考《かんが》えてごらんなさいよ。」

「雨《あめ》が降《ふ》ればぞうり屋《や》が困《こま》る。天気《てんき》になればかさ屋《や》が困《こま》る。」

「雨《あめ》が降《ふ》ればかさ屋《や》が喜《よろこ》ぶ。天気《てんき》になればぞうり屋《や》が喜《よろこ》ぶ。」

ひろ子《こ》さんは、口《くち》の中《なか》でこの二《ふた》つのことばを何度《なんど》もくりかえしてみました。そうしているうちに、何《なに》かがわかってきたような気《き》がしました。

「雨《あめ》が降《ふ》ればぞうり屋《や》は困《こま》るが、かさ屋《や》は喜《よろこ》ぶ。とすると、雨《あめ》が降《ふ》ったために困《こま》ることと、喜《よろこ》ぶことが起《お》こるんだわ。雨《あめ》ばかりではないわ。病《びょう》気《き》のときはたいくつで苦《くる》しくていやだけど、でも静《しず》かに考《かんが》えたり本《ほん》を読《よ》んだりする時間《じかん》はあるし、冬《ふゆ》は寒《さむ》くていやだけど、雪《ゆき》が降《ふ》ったり、こたつにはいってみんなでトランプをしたり、楽《たの》しいこともいっぱいある。どんなときでも、困《こま》ることとうれしいことが同時《どうじ》にあって、そのどちらのほうを考《かんが》えるかによって、その人《ひと》が幸福《こうふく》になるか不幸《ふこう》になるかがきまるんだわ。そうだ、そうなんだわ。」

148

ひろ子《こ》さんは、とても大事《だいじ》なことに気《き》がついたような気持《きも》ちになって、うれしくなりました。

それからのひろ子《こ》さんは、何《なに》か不平《ふへい》をいいたくなると、いつも「かさ屋《や》とぞうり屋《や》の話《はなし》」を思《おも》い出《だ》して、

149

「そうそう、何《なに》かいいことはないかしら。」

と考《かんが》えなおすようになりました。

150

（出典：「かさ屋とぞうり屋の話」『ベッドタイムストーリーズ 1』福音社、147〜150 頁）

(4) お世話《せわ》に なって いる 人《ひと》に かんしゃして

いろいろな 人の お世話に なって いますね。
「ありがとう」を 言《い》いたいですね。

たくさんの 「ありがとう」が あります。
みんなで 話《はな》し合《あ》いましょう。

82

お世話に なって いる 人に かんしゃして　83

家《いえ》や 学校《がっこう》や 地《ち》いきで
お世話《せわ》に なって いる 人《ひと》が たくさん います。

お母《かあ》さんへ
いつも ごはんの 用意《ようい》を して くれて、
ありがとう。お母さんが 作《つく》って くれる
おみそしるは、とても おいしいです。

六年生《ろくねんせい》の みなさんへ
毎朝《まいあさ》、紙《かみ》しばいを 読《よ》んで くれたり、歌《うた》を
教《おし》えて くれたり して、ありがとうございます。
学校が とても 楽《たの》しく なりました。

交通《こうつう》しどういんさんへ
いつも、わたしたちの 通学《つうがく》の あんぜんを
まもって くださって、ありがとうございます。
安心《あんしん》して、学校に 通《かよ》う ことが できます。

84

ありがとうカードの 作り方《かた》

① 相手《あいて》の 名前《なまえ》を 書《か》く。

お母さんへ

② 心《こころ》を こめて 書く。

お母さんへ
おいしい ごはんを
ありがとう

③ あなたの 名前と
今日《きょう》の 日《ひ》づけを 書く。

お母さんへ
おいしい ごはんを
ありがとう
九月《くがつ》 九日《ここのか》 もとこ

お世話に なって いる 人に かんしゃして　85

（出典：『わたしたちの道徳　小学校１・２年』文部科学省、82〜85 頁）

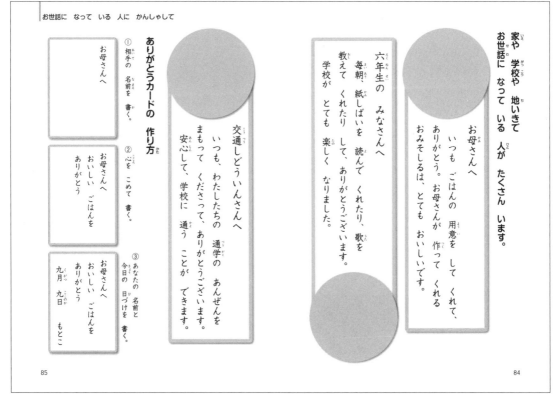

たびに　出《て》て

「あいさつじま」の　さるたちは、いつも　みんな　元気《げんき》に　大《おお》きな　声《こえ》で　あいさつを　します。

でも、けいたは……。

「いちいち　あいさつを　するなんて　めんどうだ。そうだ、たびに　出よう。」

60

気もちの　よい　ふるまいを

けいたが　やって　きたのは、あいさつの　ない　しまでした。

「とっても　しずかな　しまだなあ。」

けいたは、この　しまが　すっかり　気《き》に　入《い》りました。

けいたは、水《みず》のみ場《ば》が　知《し》りたくて、しまの　さるに　話《はな》しかけました。

「水のみ場は　どこですか。」

でも、すれちがう　さるたちは、みんな　だまって　行《い》って　しまいます。

やっと　立《た》ち止《ど》まって　くれた　さるは、水のみ場の　方《ほう》を　ゆびさして

「あっち。」

とだけ、言《い》いました。

61

その　夜《よる》、けいたは、木《き》の　上《うえ》で「あいさつじま」の　ことを　思《おも》い出《だ》し、じっと　考《かんが》えました。

つぎの　日《ひ》、けいたは、出会《であ》った　さるに、思い切《き》って　あいさつを　して　みました。

「おはよう。」

すると　小《ちい》さな　声《こえ》で　へんじが　かえって　きました。

つぎの　日、けいたは、もっと　元気《げんき》な　声で　あいさつを　しました。

つぎの　日も―。

62

気もちの　よい　ふるまいを

はじめは、びっくりして　いた　さるたちも、あいさつを　するように　なりました。

「おはよう。」

「おはよう。」

「あいさつの　ない　しま」に、元気な　あいさつが　あふれ出します。

けいたも、明《あか》るく　大《おお》きな　声で、あいさつを　かえしました。

お日さまが　にこにこ、あたたかい　光《ひかり》を　おくって　いました。

63

（出典：『わたしたちの道徳　小学校 1・2 年』文部科学省、60～63 頁）

24 いいのかな

ぼくの　学校では、いま　一りん車が人気です。休みじかんに　なると、みんな　いっせいに　一りん車おきばに　はしって　いきます。

「青の　五ばん、のこって　いるかな。」

ぼくは　そう　いいながら、たつやくんと　一りん車おきばに　いそぎました。

ぼくの　お気に入りは、青の　五ばんです。たかさが　ちょうど　よくて、とっても　のりやすいのです。

63

でも、きょうは、青の　五ばんどころか、一だいの　一りん車も　ありません。

「しかたないよね。きゅうしょくとうばんで　おそく　なったものね。」

ぼくは、べつな　あそびでも　しかたないな、と　おもいました。

その　とき、たつやくんが、

「やっぱりな。こんな　ときの　ために……。」

と　いって、たいいくかんの　ほうにかけだして　いきました。ぼくは、あとを　おいかけました。

たつやくんは　たいいくかんの　うらに　まわり、つつじの　木と　おいしげった　草の　中から、青い　一りん車を　とり出しました。白い　ペンキで「NO《ナンバー》.2」と　かいて　ありました。

「ほら、とって　おいたんだ。こうたいで　のろうよ。」

車りんには　ちぎれた　草が　からまり、サドルには　土が　ついて　います。

ぼくは、青い　二ばんの　一りん車が、なにか　いって　いるような　気が　しました。

64

65

（出典：教育出版『小学道徳　心つないで 2（学年）』）

ともだちと　なかよく

24　あめふり

おつかいから　かえる　とちゅう、ぱらぱら
あめが　ふって　きました。でも、ふみおくんは
へいきです。かさを　もって　いるからです。
「ふみおくん、いれて。」
「おねがい。」
うしろから、ひろみちゃんと　のりこちゃんが、
はしって　きました。
ふみおくんは、ちょっと　いやな　かおを　しま
した。ひろみちゃんとは、あまり　なかよしでは
ないからです。
「のりこちゃんは、いいけど……。」
すこし　かんがえてから、ふみおくんが　いうと、
のりこちゃんは、
「えっ、わたしだけ。じゃ、いいわ。さようなら。」
と　いって、ひろみちゃんの　あとを　おいかけて
いきました。
それを　みて、ふみおくんは、はっと　しました。

作　牧敬雄［本書のための書きおろし］
絵　江田ななえ

ふみおくんは、「いれて。」と　いわれた
とき、どんな　ことを　かんがえたので
しょう。

ふみおくんは、どうして、「はっ」と
したのでしょう。

74　75

（出典：『どうとく１年　きみがいちばんひかるとき』光村図書）

16　ゆかみがき

ぐにゃ。

きゅうしょくの　あと、なおくんは、なにかを　ふんで　しまいました。べたあっと　した　かんじが、とても　いやでした。

（もうっ。でも　きゅうしょくとうばんだから、早く　はいぜんしつに　かたづけに　いかないと……。）

「なお、先に　あそびに　いってるぞ。」

ともだちは　グラウンドに　いって　しまいました。

40

なおくんが、はいぜんしつから　きょうしつに　もどると、あやかさんが、さっきの　ゆかを　ふいて　います。

「あやかちゃん、ぼくが　ふんづけて　よごした　ところなのに……。」

「いいの。」

あやかさんは、ゆかふきを　つづけながら　いいました。なおくんも、いっしょに　ふきはじめました。

41

そのうち、二人《ふたり》の　かおに、うっすらと　あせが　うかんで　きました。

「なおちゃん、みんな　グラウンドで　あそんで　いるから、いっても　いいよ。」

「あやかちゃんこそ……。でも、きれいに　なると、まわりも　きれいに　したいね。」

「いっしょに、がんばっちゃおうか！」

二人は、もっと　力を　こめて、ゆかを　みがきました。あそびに　いくよりも、なんだか　たのしく　なりました。

42

「わあ、ぴっかぴか！　あやかちゃん、ありがとう。」

あやかさんは　にっこりして、なおくんの　ことを　見つめました。なおくんも　にっこりして、あやかさんを　見つめました。

その　ときです。先生や　みんなが　きょうしつに　もどって　きて、ゆかを　見て　びっくりしました。

その　日の　ごごは、とても　いい　気もちで　べんきょうが　できました。

43

（出典：教育出版『小学道徳　心つないで 2（学年）』）

森《もり》の　ゆうびんやさん

「こんにちは、ゆうびんですよ。」
くまさんは、森の　ゆうびんやさんです。
一《いっ》けん、一けん、声《こえ》を　かけながら、
手紙《てがみ》や　にもつを　はいたつします。
「いつも　ありがとうございます。」
くまさんから　ゆうびんを
もらうと、森の　みんなは、
大《おお》よろこびです。
「こんにちは。かぜは　なおりましたか。」
「はい、よく　なりました。くまさんも、
体《からだ》に　気《き》を　つけて　くださいね。」

くまさんは、ゆうびんが　ない　日《ひ》でも、森の　みんなと　話《はなし》を　したり、
ほかの　森の　様子《ようす》を　つたえたりして　います。森の　みんなは、くまさんが
来《く》る　ことを、とても　楽《たの》しみに　して　います。

ある、雪《ゆき》の　日の　ことです。ゆうびんやさんに、小《こ》づつみが　とどきました。
やぎじいさんへの　ゆうびんです。くまさんは、かばんの　中《なか》に、
小づつみを　大切《たいせつ》に　入《い》れて　出《で》かけました。
山道《やまみち》を　のぼって　いくと、
ようやく　やぎじいさんの　家《いえ》が
見《み》えて　きました。くまさんは、
やぎじいさんの　よろこぶ　顔《かお》を
思《おも》いうかべながら、いそぎ足《あし》で
歩《ある》きました。

「やぎじいさん、ゆうびんですよ。」
「こんな　雪《ゆき》の　日《ひ》に、ごくろうさま。
どなたからですか。」
「町《まち》に　すんで　いる
おまごさんからですよ。」
くまさんは、かばんから　小《こ》づつみを
ていねいに　出《だ》して、やぎじいさんに
わたしました。
「ぽかぽかの　手《て》ぶくろだ。ありがとう、
くまさん。」
「よかったですね。これで　雪の　日も
安心《あんしん》ですね。」

くまさんは、つぎに　はいたつする　家《いえ》に　いそぎました。
一日《いちにち》の　しごとを　おえて、くまさんは　家に　帰《かえ》りました。
ポストを　見《み》ると、一通《いっつう》の　手紙《てがみ》が　入《はい》って　いました。

森《もり》の　ゆうびんやさんへ
いつも　休《やす》まずに、ゆうびんを
はいたつして　くれて、
ありがとうございます。
森の　みんなは、くまさんが、
大《だい》すきです。これからも、
おしごとを　がんばって
ください。
森の　こりす　より

（出典：『わたしたちの道徳　小学校１・２年』文部科学省、134～137 頁）

先生からの　おうえんメッセージ

　ぼくが　にがてな　かん字テストが、かえって　きた。ばつじるしが　五こも　ついて　いた。その　下に、先生が　正しい　字を　かいて　くれて　いた。きょうは、さいごに、
「おしい　まちがいです。あしたも　おなじ　テストを　しますよ。がんばってね。」
と、かいて　あった。先生が　おうえんして　くれて　いるみたい。だから、お手本を　見て、れんしゅうした。

　つぎの　日、おなじ　テストが　くばられた。きのう　がんばったから、ちょっと　じしんがある。先生を　見たら、目が　あった。にっこり　わらって、小さい　こえで、「がんばれ。」って　いって　くれた。

　きのう　れんしゅうしたから、テストは　すらすら　かけた。なんだか、とっても　うれしい。かえって　くるのがたのしみだ。

　テストが　かえって　きた。まるが　いっぱい。でも、一つ　まちがえちゃった。じしんが　あったのにな。でも、先生は　かいて　くれて　いた。
「よく　がんばりましたね。あと　すこしですよ。」

――ぼくが　がんばったの、わかって　くれたんだ。そう　おもって、いえで　れんしゅうを　した。おかさんが

　のぞきこんで、いった。
「テストに、先生からの　おうえんメッセージがあるのね。がんばらなくっちゃね。」
おねえちゃんが　いった。
「ひとクラスに　つける　まるの　かずは、一かいの　テストで、なん百こにも　なるわね。それなのに、メッセージも　つけて　くれたのね。」

――先生は、ぼくや　みんなの　字を　一つずつ　見て、まるも　ばつも　つけて　くれる。先生は、いつでも　おうえんして　くれて　いるんだ。よし、あしたは、百てんを　とるぞ。

山本《やまもと》由《ゆ》紀《き》子《こ》　作《さく》

（出典：『2年生のどうとく』文溪堂）

おじいちゃんの　すきな　川

ぼくは、ようち園のころから、夏休みになると、一人でいなかのおじいちゃんの家に行きます。今年の夏休みも、おじいちゃんの家に遊びに行きました。一人で行くのも、今年でもう四回目です。

おじいちゃんの家は、小さな山の近くにあります。家の前には、小さな川も流れています。おじいちゃんは、今は一人でその家に住んでいます。

おじいちゃんの家に着くと、ぼくはすぐにはだしになって、川に入ります。ひざくらいまでしか水はありませんが、小さな魚がたくさんいます。つかまえようとしても、すばしこくてぜんぜんつかまりません。

でも、おじいちゃんは、あみを使って、かんたんに魚をつかまえてしまいます。すごいなあと思います。今年の夏も、おじいちゃんに、たくさんの魚をとってもらいました。

ある日、おじいちゃんと夕ごはんを食べながら、こんなお話をしました。

「おじいちゃん。お父さんとお母さんが、そろそろおじいちゃんも、ぼくたちといっしょにくらすといいのにねって、言ってたよ。」

「ほう、そうかい。そんなことを言ってたかい。」

「うん。ぼくもおじいちゃんが、ぼくの家でいっしょにくらしてくれたら、すごくうれしいな。おじいちゃんはどう？」

「おじいちゃんか……。おじいちゃんは、しょう太や、しょう太のお父さんやお母さんとくらすのはいいけど、この家から出たくないなあ……。」

「え？　どうして？　ぼくの家はたてたばかりだから、すっごくきれいだよ。それに、おじいちゃんの部屋も、もう作ってあるじゃない。」

「うん、だけどな。ここには、おじいちゃんの好きな川もあるしな。」

「川なら、ぼくの家の近くにもあるよ。魚もとれるよ。」

「でもなあ、おじいちゃんは、この川が好きなんだよ。」

「ふうん。どうしてなのかなあ。」

ぼくは、おじいちゃんは、どうしてこの川が好きなのかな、とちょっとふしぎに思いました。

出典：オリジナル教材

19

ローラの　なみだ

「きょうから　二週間《しゅうかん》、このクラスで　いっしょに　べんきょうする　ことに　なった　ローラさんです。」

先生と　いっしょに　きょうしつに　入って　きた　てん校生を　見て、よし子は　びっくりしました。かみの　毛《け》は　金色《きんいろ》で、目は　青く、はだは　まっ白なのです。ローラは、よし子が　これまで　きいた　ことの　ない　ことばで　あいさつを　して　いました。

「ローラさんは、フィンランドと　いう　国《くに》から　きました。みんな、なかよく　して　あげてね。」

先生は、そう　いわれると、よし子の　ほうを　見て、

60

「よし子さん、ローラさんの　家《いえ》は、よし子さんの　家《いえ》と　ちかいそうです。いろいろと　おしえて　あげてね。」

と　おっしゃいました。

その　日から、よし子は　ローラと　いっしょに　学校に　きて、べんきょうしたり、あそんだり　する　ことに　なりました。

でも　よし子は、日本語《にほんご》が　わからない　ローラに、どうやって　気もちを　つたえれば　よいか　わからず、ほとんど　はなしかける　ことが　できませんでした。

そこで、おかあさんに　きいて　みました。

「ローラが、なにを　しゃべって　いるか

61

わからないの。どうしたら　いい？」

すると、おかあさんは、やさしく　いいました。

「みぶりや　手ぶりを　つかって、はなすのも　いいわよ。でも、とにかく　日本語《にほんご》で　いいから、たくさん　はなしかけるの。そうすれば、きっと　よし子の　気もちを　わかって　くれる　はずよ。」

つぎの　日から　よし子は、みぶりや　手ぶりを　つかいながら、気もちを　どんどん　つたえるように　しました。すると、ローラも　おなじように、みぶりや　手ぶりで　気もちを　つたえて　くれるように　なりました。

二週間《しゅうかん》が、たちました。ローラは、みんなの　前《まえ》で　おわかれの

62

あいさつを、フィンランドの　ことばで　しました。クラスの　みんなは、それを　きいても、やはり　ポカンと　して　いるだけでした。でも　よし子には、ローラが　なにを　つたえようと　して　いるのかが、わかったような　気が　しました。

「うん、うん。」

と　大きく　うなずく　よし子と、ローラの　目が　あった　ときです。ローラの　青い　目から　とつぜん　大つぶの　なみだが　ポロポロと　こぼれて　きたのが　見えました。

作・編集委員会　絵・中島慶子

63

（出典：『小学校どうとく　新　生きる力　2 年』日本文教出版）

巻末資料　本文 76〜77 頁に対応

二〇二〇年《にせんにじゅうねん》に　日本《にっぽん》の　東京《とうきょう》で、
オリンピックが　あります。
オリンピックと　いっしょに、
手《て》や　足《あし》、目《め》などに　しょうがいが
ある　人が　さんかする
パラリンピックも　あります。
オリンピックや　パラリンピックには、
いろいろな　国《くに》の　人が　あつまります。
それぞれの　国では、
話す　言葉《ことば》や　きる　ふく、
食《た》べる　もの、　すむ　家が　ちがいます。
その　ちがいを　こえて、
みんなが　力《ちから》を　出《だ》し合《あ》う
スポーツの　おまつりです。

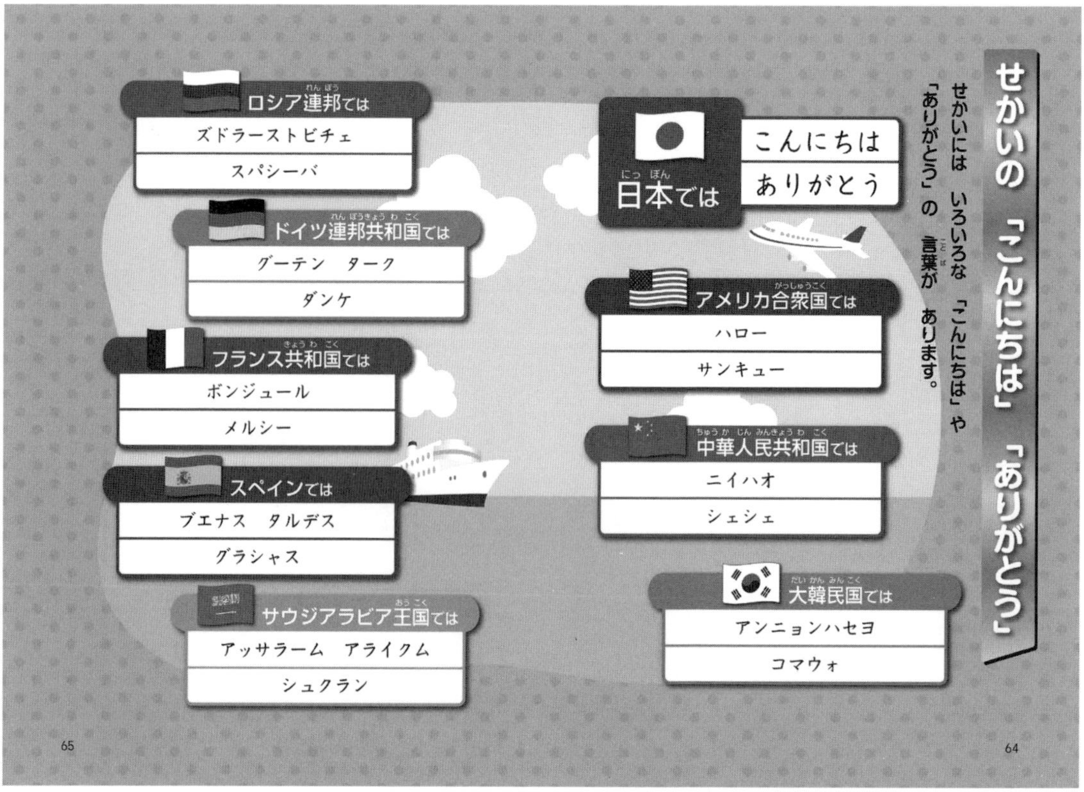

（出典：『わたしたちの道徳　小学校 1・2 年』文部科学省、64 〜 65、171 頁）

虫《むし》が　大《だい》すき　―アンリ・ファーブル―

ファーブルは、小《ちい》さい　ころから、虫や
自《し》ぜんが　大すきでした。
草《くさ》むらで　何《なに》かが　鳴《な》いて　いるような
声《こえ》を　聞《き》くと、
「いったい、何が　鳴いて　いるのだろう。」
と、いつまでも　さがして　いました。
そして、見《み》つけた　ものが　虫だと
分《わ》かると、声を　上《あ》げて　よろこびました。

また、虫に　ついて、ふしぎに　思《おも》った　ことが　あると、
いつまでも　見つづけて　いました。
アリを　見つけると、
「何《なん》で、いつも　いそがしそうに　して　いるのだろう。」
「どうして、大《おお》きな　食《た》べものを
もって　歩《ある》く　ことが
できるのだろう。」
「どう　やって、自分《じぶん》の　家《いえ》を
おぼえて　いるのだろう。」
などと、思いました。

ファーブルは、大人《おとな》に　なってからも、
「虫《むし》と　いう、もっとも　小《ちい》さな　ものの　中《なか》に、もっとも　大《おお》きな
おどろきが　かくされて　いる。」
と　言《い》って、たくさんの　虫に
ついて　しらべました。
ファーブルは、かんさつを　する
ために、たくさんの　虫を
つかまえました。かんさつが　おわると、
「さようなら。よく　わたしに、
いろいろな　ことを　教《おし》えて
くれたね。さあ、どこへでも　すきな　ところへ　お帰《かえ》り。」
と　話《はな》しかけて、虫を　にがして　あげた　ことも　ありました。

ファーブルが、こう　して　かんさつした　ことを　まとめた、
『昆虫記《こんちゅうき》』と　いう　本《ほん》は、せかい中《じゅう》の、多《おお》くの　人《ひと》に　読《よ》まれて
います。

（出典：『わたしたちの道徳　小学校 1・2 年』文部科学省、106～109 頁）

33　しあわせの　王子《おうじ》

ある　あきの　夕がた、みなみの　くにへ　かえる　一わの　つばめが、王子の　どうぞうの　足もとに　とまりました。

その　どうぞうは、人々から、「しあわせの　王子」と　よばれて　いました。

からだは　金で　つつまれ、目や　かたなは　ほう石で　かざられ、ひかって　いました。

つばめが　はねを　休めて　いると、つめたい　ものが、ぽつんと

89

おちて　きました。見上げると、王子の　ほおが　なみだで　ぬれて、月の　ひかりに　きらきらと　かがやいて　いました。

「どう　なさったのですか。王子さま。」

「つばめさん、わたしは、町の　人々の　まずしい　くらしを　見て、なみだが　出て　ならないのです。町の　はずれに、びょう気で　ねて　いる　子が　います。まずしくて、くすりも　かえないのです。つばめさん、わたしの　かたなの　ルビーを　はずして、とどけて　おくれ。」

つばめは　ルビーを　くわえ、気のどくな　おや子の　いえに、そっと　おりて　いきました。

90

つぎの　日、つばめが　みなみの　くにへ　とび立とうと　すると、王子が　いいました。

「もう　ひとばん　いて　おくれ。たべものも　ろくに　たべられないで　はたらいて　いる　わかものが　います。その　わかものに、わたしの　右目の　サファイアを　とどけて　おくれ。」

(そんな　ことは……。)

と、つばめは　おもいましたが、王子の　やさしい　気もちに　うごかされて、とどける　ことに　しました。

つばめは、つぎの　日こそ、みなみの　くにへ　とび立とうと　おもいました。

しかし、王子は、また、マッチうりの　女の子に、左目の　サファイアを　とどけるようにと、つばめに　たのみました。

91

（出典：教育出版『小学道徳　心つないで 2（学年)』）

巻末資料　本文 88～89 頁に対応 ②

しあわせの　王子は、目が　見えなく　なって　しまいました。つばめは、その　目を、はねで　そっと　なでながら　いいました。

「こころの　やさしい　王子さま。わたしは、あなたの　そばで　くらしましょう。」

それからも　王子は、からだの　金を、つぎつぎと　まずしい　子どもたちに　とどけるように、つばめに　たのみました。

しあわせの　王子は、とうとう　なんの　かざりも　ない　すがたに　なって　しまいました。

92

やがて　さむい　ふゆに　なりました。つばめは、もう、生きる　力を　なくして　いました。

「王子さま、さようなら。」

つばめは、つぶやくように　いいました。

つめたい　ゆきが、王子と、その　足もとに　よこたわる　つばめを、白く　つつみました。

よるに　なりました。かみさまは　二人の　こころを　そっと　むねに　だくと、空へ　のぼって　いきました。

93

（出典：教育出版『小学道徳　心つないで 2（学年）』）

付　録

評価記入文例

評価記入文例

A1　自律・自由と責任

主人公はどうしてノートで紙飛行機を折ってしまったのかを話し合う場面で、自分もノートにイラストをかいたことがあったことを思い出し、自分の体験からの感想を交えて、主人公の気持ちを考え発表しました。

A2　正直・誠実

友達に悪いことを言ってしまったのに素直に謝れない主人公の気持ちを想像し、自分が主人公の立場だったら、素直に謝りたい気持ちがあっても言えないかもしれないと、自分事として考えることができました。

A3　節度、節制

自分勝手な生活で他の人に迷惑をかけてきた主人公に対して、これからどのようなことに気をつけて生活すればいいかを考え、自分も我慢するので主人公も我慢するとよいと、自分事として考え発表していました。

A4　個性の伸長

努力して逆上がりができるようになった主人公に、クラスの友達として声をかけるとしたらどんな言葉を伝えるかを考える場面で、他の友達の意見を聞きながら自分の考えを整理して発表することができました。

A5　希望と勇気、努力と強い意志

主人公が夢をかなえることができた理由について話し合い、ただやりたいという気持ちだけではなく、一生懸命に努力することが大切だということに気付き、自分の考えを深めることができました。

B6　親切、思いやり

嵐の中、病気の友達のために食べ物を運ぶ小鳥の気持ちをグループで話し合う中で、行きたい気持ちと行けないという気持ちの両方があることに気付き、どちらの気持ちが強いのか深く考えていました。

B7　感謝

娘を心配していたお母さんが明るくなった理由を話し合い、自分では気がつかなかった感謝をすることに気がついたから、という友達の意見に納得して、自分も感謝の気持ちを大切にしようと考えていました。

B8　礼儀

「あいさつは小さな親切」という言葉はどのような意味かをグループで話し合い、自分があいさつをされて明るい気持ちになった経験から、相手の人を明るくするからという考えをまとめ、発表していました。

B9　友情・信頼

青おにの手紙を読む赤おにの気持ちを考える場面で、自分は青おにに対して悪いなと思ったけれども、友達は青おにはやさしいと感想を書いていたことに驚き、感じ方は人それぞれだなと感想を書いていました。

C10　規則の尊重

自分が先に遊びたくて、みんなが使う一輪車をかくしてしまった主人公の行動について、自分が遊びたくてもきまりを守らないと他の人の迷惑になるからやめたほうがよいと考え、発表することができました。

C11　公正、公平、社会正義

自分だけ傘に入れてもらうのを断った友達の行動の理由を、誰とでも仲良くしなければならないのに、一人だけ傘に入れてもらうのはよくないと思ったからと、感想にまとめることができました。

C12　勤労、公共の精神

みんなのために進んで床をみがく主人公の話を読んで、自分も給食の食べかすが落ちていた床をきれいにしたことがあること、その時もみんなのためになることができて気持ちがよかったことを発表しました。

C13　家族愛、家族生活の充実

お父さんの作ったいつもと味の違うカレーライスを、「おいしいよ」と言って笑って食べた主人公は、本当のことを言うとお父さんががっかりすると思っていたと、気持ちを共感的に理解することができました。

C14　よりよい学校生活、集団生活の向上

学校には校長先生をはじめたくさんの先生がいて、自分たちのためにいろいろな仕事をしているということを知り、自分たちも学校生活をよくするためにできることをがんばろうと考えることができました。

C15　伝統や文化の尊重、国や強度を愛する態度

祖父が家族との暮らしより、生まれ育ったふるさとでの暮らしを選んだ理由を考え、自分の祖父母もふるさとでずっと住みたいと言っていることを思い出し、ふるさとの良さについて考えることができました。

C16　国際理解

外国からの転入生と苦労して友達になった主人公の行動に共感し、自分も言葉が通じなくても友達になれるように努力して、いろいろな国の子どもたちと仲良くなりたいとこれからの豊富を発表していました。

D17　生命の尊重

自分が生まれた時も小さかったので、元気に育ってくれるかどうか心配だったと母親から聞き、物語の主人公と同じように母親への感謝の気持ちを強くもって、命の大切さについて話し合うことができました。

D18　自然愛護

仲良くしていたひまわりが枯れてしまって悲しんでいる主人公の気持ちに共感し、植物も動物も大事にしていると心が通じ合うことがあるということに気付き、自分の感じたことを感想にまとめていました。

D19　感動、畏敬の念

王子はどうして自分の目が見えなくなるまで親切にしたのかについて話し合い、王子の優しさが人並み以上だったことや、自分だったらとてもできないことなどを、意欲的に発言することができました。

おわりに

若い頃から道徳の研究授業をすると、次のように指摘されることがありました。

・一人の登場人物に視点をあてて発問をするべきだ。
・「なぜ～するのか」、「どうして～しないのか」、という発問はよくない。
・ノートに考えを書かせない方がよい。
・授業の後半では価値を一般化させなければならない。

などです。

道徳授業は実に不思議です。

一つの指導法をしなければならないと決まっているわけではないのに、ある指導法からはずれると、それはだめだと言われます。授業の巧拙よりも、そのことを指摘されます。

国語科の授業にも数々の指導法があります。しかし、その指導法をしたからといって、またはしないからといって、そのことそのもので批判されることはありません。その授業の巧拙、児童の反応などによって批判されるのです。

道徳授業はこのように特別でした。「特別の教科」となる以前から、ある意味特別の時間だったのだと思います。

特別の教科道徳となって、考え、議論する道徳が中心となって、やはり同じ事が繰り返されるのでしょうか。

道徳指導の目標も道徳科の目標も、道徳性を養うことです。道徳性を養うことが目標で、考えたり議論したりして自分事として問題を考えるという活動は手段です。いつの間にか、手段が目的になってしまわないことを願います。

私は「実感道徳研究会」という小さな会を主宰しています。担任の先生の実感に基づいた道徳授業、担任の先生だからこそできる道徳授業をしていこうという会です。

学期に１度だけでも、担任の先生が「これだけは伝えたい」という気魄をもって臨む道徳授業ができたら、先生にも子どもたちにも素晴らしいものとなるでしょう。

いつの時代にもそれは大事なことのように思います。

編著　山中伸之

執筆者一覧

（執筆順）

大江雅之　青森県公立小学校……………………………14 ～ 17 頁

八神翔馬　横浜市公立小学校……………………………18 ～ 21 頁

工藤良信　青森県公立小学校……………………………22 ～ 25 頁

田村由宏　兵庫県公立小学校……………………………26 ～ 29 頁

工藤麻乃　青森県公立小学校……………………30 ～ 33、42 ～ 45 頁

小出　潤　千葉県公立小学校……………………………34 ～ 37 頁

山本幹雄　茨城県私立小学校……………………………38 ～ 41 頁

志賀都子　立命館小学校…………………………………46 ～ 49 頁

冨樫忠浩　北海道公立小学校……………………………50 ～ 53 頁

平井美穂　相模原市公立小学校…………………………54 ～ 57 頁

大嶋由美　愛媛県公立小学校……………………………58 ～ 61 頁

駒井典子　青森県公立小学校……………………………62 ～ 65 頁

佐藤秀樹　横浜市公立小学校……………………………66 ～ 69 頁

山中不二子　栃木県公立小学校…………………………70 ～ 73 頁

中嶋郁雄　奈良県公立小学校……………………………74 ～ 77 頁

山中伸之　栃木県公立小学校……………………………78 ～ 79 頁

須永吉信　栃木県公立小学校……………………80 ～ 81、84 ～ 89 頁

松島広典　栃木県公立小学校……………………………82 ～ 83 頁

【編著者紹介】

山中伸之（やまなか・のぶゆき）

担当：パート１、本文（78～79頁）、評価記入文例

1958年生まれ。宇都宮大学教育学部を卒業後、栃木県内小・中学校に勤務。現在は、栃木県公立小学校に勤務。実感道徳研究会会長。日本群読教育の会常任委員。日本基礎学習ゲーム研究会員。MM『kyositu.com ニュース』編集長。渡良瀬にこにこサークル代表。著書に『キーワードでひく 小学校通知表所見辞典［道徳の評価追補版］』（さくら社）、『学級会からペア学習まですべておまかせ！　話し合いができるクラスのつくり方』（明治図書）、『できる教師のすごい習慣』（学陽書房）、『ちょっといいクラスをつくる８つのメソッド』（学事出版）ほか多数。

【付属の CD-ROM の注意事項】

１．使用の範囲

本製品の収録データは、学校をはじめとする教育目的利用に限り、自由に改変、編集および使用することができます。

２．禁止事項

（１）収録データをそのまま、または加工して、独立の取引対象として頒布（販売、無償配布、無償貸与など）したり、公衆送信（インターネットのホームページなどを利用した送信）などを利用して提供すること（営利、非営利を問わず）。

（２）CD-ROM、DVD 等への複製。

（３）収録データを公序良俗に反する目的、誹謗中傷目的で利用すること。

（４）図書館及びそれに準ずる施設において、館外へ貸し出すこと。

３．保証範囲の限定

（１）弊社は収録データを使用したことにより発生しうる如何なる障害および事故等についても、一切責任を負いません。

（２）本製品は充分な注意を払って制作いたしておりますが、収録データについて欠陥がないことを保障するものではありません。

（３）収録データの読み込み、編集についてはお使いのアプリケーションソフトに依存します。ご不明な点はアプリケーションソフトのマニュアルをご参照ください。

（４）製品の仕様、価格、デザインについては将来予告なく変更する場合がございます。

（５）CD-ROM を開封した場合には、お客様が本書内の注意事項や本注意書きに承諾したものと判断します。

全時間の授業展開で見せる「考え、議論する道徳」小学校１・２年

2018年１月22日　初版発行

編著者――山中伸之

発行者――安部英行

発行所――学事出版株式会社

〒101-0021　東京都千代田区外神田２－２－３

電話 03-3255-5471　FAX 03-3255-0248

ホームページ　http：//www.gakuji.co.jp

編集担当：加藤愛　編集協力：堀井啓吾

装丁：岡崎健二　本文デザイン：三浦正已

イラスト：松永えりか（フェニックス）、内炭篤詞

印刷・製本：精文堂印刷株式会社

ISBN978-4-7619-2376-1　C3037　Printed in Japan